Arno Schmuki
Obere Bahnhofstr. 23
CH-9500 W i l SG

D1697739

Werner Alex Walser
Pilotenseele

Zu diesem Buch

Uns ist völlig bewusst, dass es etwa neunzig Prozent Frauen sind, die regelmäßig Bücher lesen. Zudem greifen die meisten von ihnen nicht spontan nach einem Titel, der nach Militär riecht.

Einen Roman über eine Fliegerstaffel zu schreiben, die im winterlichen Haslital ihren einwöchigen Trainingskurs absolviert, kommt deshalb, vor allem kommerziell gesehen, einem literarischen Harakiri gleich.

Unser Autor wagt diesen Spagat trotzdem, und wir sind überzeugt, dass er Sie, liebe Damen, nicht enttäuschen wird. Walser hat sich bemüht, technische Aspekte, soweit notwendig, allgemein verständlich darzustellen und mittels einer Legende zu erklären. Er lässt aber auch Emotionen aufkommen und ungewohnt direkt in Pilotenseelen blicken.

Die Geschichte zeigt also viele Facetten, die nicht nur Männer spannend finden werden.

Werner Alex Walser, geboren 1939, Vater von zwei erwachsenen Kindern, lebt mit seiner Frau im sankt-gallischen Wil-Bronschhofen. Als gelernter Postbeamter absolvierte er 1960 die Militärfliegerschule und wechselte nach fünf Jahren als Berufspilot im schweizerischen Überwachungsgeschwader zur Swissair. Sein spannendes Pilotenleben hat er in seinen Fliegerbüchern *Eden und Kerosin* und *feldgrau+swissairblau* nachgezeichnet.

Das Kreuz des Ostens lautet der Titel seines ersten Romans. Geradezu thrillerähnlich porträtiert er die Kehrseite der Aviatik aus der Perspektive eines Ehepaares, das an den negativen Auswirkungen der Luftfahrt buchstäblich zerbricht.

Auch in seinen nächsten beiden Romanen *Stolperstein Frau* und *Fahrwasser* ist es ihm gelungen, wunderbar abgerundete Figuren zu erschaffen, die mit beherrschender Leidenschaft zu treibenden Kräften dieser packenden und aufwühlenden Handlungen führen.

Werner Alex Walser

Pilotenseele

Fliegerroman

CMS Verlagsgesellschaft

Die Handlung im Buch Pilotenseele sowie Namen, Personen und
Begebenheiten entspringen der Fantasie des Autors und sind frei
erfunden. Jede Namensgleichheit mit lebenden und verstorbenen
Personen oder Ähnlichkeiten mit tatsächlich existierenden Namen
ist rein zufällig und nicht beabsichtigt.

Bibliografische Information der Deutschen Nationalbibliothek.
Die Deutsche Nationalbibliothek verzeichnet diese Publikation
in der Deutschen Nationalbibliografie; detaillierte bibliografische
Daten sind im Internet über http://dnb.d-nb.de abrufbar.
Bibliografische Information der Schweizer Nationalbibliothek NB.
Diese Publikation ist in der schweizerischen Nationalbibliografie
aufgeführt und über www.nb.admin.ch/helveticat abrufbar.

Das für diese Publikation verwendete
FSC®-zertifizierte Papier Schleipen
liefert Cordier, Deutschland.

Deutsche Erstausgabe 2016
Copyright © 2016 bei CMS Verlagsgesellschaft mbH, Zug
Alle Rechte vorbehalten.
Urheberrecht: Werner Alex Walser
E-Mail: wawalser@tbwil.ch
Lektorat: Bärbel Philipp/Jena
E-Mail: lektorin@textperlen.de
Satz und Layout: CMS Verlagsgesellschaft
Umschlaggestaltung: CMS Verlagsgesellschaft
Autorenfoto: © Werner Alex Walser
Titel: Werner Alex Walser
Besuchen Sie uns im Internet:
www.cms-verlag.ch

Druck und Bindung: CPI - Ebner & Spiegel, Ulm
Printed in Germany

ISBN: 978-3-03827-007-2

Für Thomas

1

In jener Februarnacht wurden der Lenk im Berner Oberland erneut über zwanzig Zentimeter Neuschnee beschert. Beinahe hörbar ächzten die Dächer unter der weit über die Traufen hängenden Pracht.

Es war fünf Uhr in der Früh, als Skilehrer Albert Fetsch einen Kontrollblick nach draußen warf. Der eiskalte Wind pustete ihm einen Schwall Schneeflocken ins Gesicht und gleich den Fensterflügel wieder zu.

Die Natur nehme sich wieder einmal ihr Recht, brummte er, wischte sich das Geflitter aus dem Bart und begab sich noch im Pyjama an den Herd.

Immer noch gähnend, hängte er den Tauchsieder ins Wasser und zündete in einem Kochfeld das Gas an. Ein Ring blauer Flammen erhitzte die Bratpfanne im Nu so stark, dass er die beiden Eier aufschlagen und mit fein geschnittenem Schinken in die zergehende Butter geben konnte. Später streute er Salz und reichlich Pfeffer auf die Eidotter, und als ihm mit dem feinen Duft auch noch eine Prise Pfefferstaub in die Nase stieg, musste er gleich in die Armbeuge niesen.

Savannah schlief noch.

Nach seinem Jahr in Aspen, Colorado, war ihm die Brünette in die Schweiz gefolgt. Sie sprach mittlerweile recht gut Berndeutsch und war eine begabte und beliebte Skilehrerin.

Fetsch rückte eine Stabelle zurecht, strich sich über den kurz geschnittenen Bart und streckte seine Pantoffeln zwischen die schräg gestellten, kunstvoll gedrechselten Beine seines Eichentisches.

Von eher kleiner Statur, war er stolz auf seinen muskulösen, drahtigen Körper, an dem kein Gramm Fett zu viel dran war und an dem, der Höhensonne sei Dank, selbst im Winter die Kupferbräune nahtlos bis zur Zehenspitze reichte. Sein von Sonne und Wind gegerbtes Gesicht zeigte noch wenig Furchen, und helle, kluge Augen ließen auf ein rasch aufblühendes Gemüt schließen.

Während er seine morgendliche Leibspeise futterte und sein Blick über die Winterlandschaft auf dem Februarblatt des Wandkalenders wanderte, wedelte er gedanklich die molligen Schneekuppen hinunter, die wie Dünen unter einem blauseidenen Firmament vor dem zerklüfteten Massiv der Blüemlisalp fläzten. Ob im Sommer oder im Winter, die 3661 Meter hohe Alp, die sich einem gewaltigen Zirkuszelt gleich in die Höhe wuchtete, hatte er schon oft bestiegen.

Draußen wirbelte der Schnee unablässig durch die Lichtglocke der Straßenlaterne, und Albert Fetsch döste über seiner Teetasse zufrieden ein. Für ihn war für diese Woche kein Skifahren angesagt. Man hatte anderes mit ihm vor.

Plötzlich schreckte er auf und schaute auf die Uhr.

»Himmel Herrgott Sack, Albert!«

Eilig räumte er das Geschirr in die Spüle, begab sich zur Morgentoilette und warf sich Schritt für Schritt in die Staatracht. Das passe gerade noch, fand er, als er sein feldgraues Hemd in die filzige Hose stopfte, die Hosenträger hochzog und Marlene Dietrich dazu im Radio »Sag mir, wo die Blumen sind …« anstimmte.

Ein Gebirgsfüsilier brauchte besonders gutes Schuhwerk; fast liebevoll strich er über das Profil seiner frisch besohlten Marschschuhe, bevor er sie schnürte. Albert war stolz auf seine Waffengattung und verstand nicht ganz, weshalb er nach der Übung »Iglu« noch den Rest der Woche auf dem Militärflugplatz Meiringen zur Verfügung des Kommandanten stehen sollte.

Bevor er den Rossfelltornister verschloss, legte er die mit Zigarettenpäckchen gefüllten Patronentaschen zuoberst auf die Wäsche. Dann schlüpfte er in die feldgraue Jacke und den schweren Mantel, beide filzstoffig wie die Hose, und gürtete das Seitengewehr an seine Lenden. Er setzte eben seine Feldmütze in sein Haar, als es vor seinen Augen schwarz wurde.

Savannah hatte sich von hinten angeschlichen und ihm ihre Hände auf die Augen gelegt.

»Bye, bye, my love and take care!«, flüsterte sie ihm ins Ohr.

Fein löste er sich aus ihrer Umklammerung und drehte sich zu ihr um.

Sie schmiegte sich an ihn und drückte ihm einen bettwarmen Kuss auf den Mund.

»Sorry, darling, I'm already a bit late. See you next Saturday!«, sagte er beim Abschiedskuss, schulterte entschlossen Felleisen und Karabiner und machte sich auf den Weg.

Klar würde er auf sich aufpassen, keine Frage, dachte er, als er das Haus verließ. Als Bergführer war man das gewohnt.

Die Rawilstraße war bereits gepfadet. Er marschierte mit festem Schritt dem Bahnhof zu. So leise und so sanft fiel der Schnee.

Wie ein Schlitten glitt der Zug aus dem Bahnhof, selbst Weichen und Schienenstöße waren milde gestimmt.

»Umsteigen in Zweisimmen, Spiez und Interlaken Ost«, empfahl ihm der Schaffner, nachdem er die Fahrkarte abgeknipst hatte.

Dreimal umsteigen für eine so kurze Fahrt? Reichlich mühsam mit meiner Bagage, dachte sich Fetsch. Doch wenn ich hocken bleibe, lande ich an den Gestaden des Genfersees. Von wegen landen? Nicht einmal die Piste des Militärflugplatzes sehe ich, dabei sind wir schon kurz vor St. Stephan.

Der jeweiligen Jahreszeit entsprechend verdiente Fetsch sein Brot als Skilehrer oder Bergführer. Als guter Klavier- und Handharmonikaspieler war er Mitglied eines Schlager- und Volksmusikquartetts. Er hatte aber auch ein anderes, seltenes Talent geerbt. Das ganze Paket sei für sie wichtig, hatten sie gesagt, als sie ihn anfragten.

Fetsch richtete sich auf der Holzbank auf und überschaute das Abteil. Bis anhin war niemand zugestiegen, und als er sicher war, allein zu sein, begann er, sein tägliches Muh-, Blök-, Mecker-, Gacker- und Krächz-Repertoire durchzuspielen. Rein übungshalber und zum morgendlichen Vergnügen. Seine Savannah ließ sich aber lieber durch seinen Bart als durch seine Perle, den Käuzchenruf, wachkitzeln. Beim Publikum dagegen löste er mit seinen Tierstimmen stets viel Heiterkeit aus.

Nach dem Umsteigen in Zweisimmen klaubte er die erste Zigarette hervor und betrachtete, wie sich die Flamme im nachtschwarzen Fenster spiegelte. Draußen war nach wie vor der Teufel los und im übernächsten Abteil krakeelten Jugendliche. Zwei Sekunden Bellen genügten, damit es augenblicklich still wurde. Die Halbwüchsigen schossen hoch und suchten nach dem Hund. Fetsch paffte unschuldig sein Zigarettchen und genoss fortan seine Ruhe.

Der Zug schlängelte sich bereits Weissenbach zu, einem ihm bestens bekannten Dorf, das aber in den nächsten Tagen eine geradezu fatale Bedeutung bekommen sollte.

Weshalb sie ausgerechnet auf ihn gekommen waren? Er hatte keine Ahnung. Auf jeden Fall war er nun Mitglied der P27.

Topsecret.

Verschlusssache.

Geheimer als geheim.

Außer jener Dame hatte er niemanden, nicht einmal seinen obersten Chef, je gesehen. Das würde sich schon noch ändern, hatte man ihm gesagt.

Es war im vergangenen Herbst, nach der kantonalen Bergführerversammlung in Bern. Baff blieb er im Regen stehen, als ihm nach dem Verlassen des Restaurants *Drei Eidgenossen* die Unbekannte folgte und ihn kurz danach mit Namen ansprach.

Ah, so machen die es hier, dachte er und schaute die zierliche Dame unter der Pelerine verdutzt an.

Ohne sich vorzustellen, bat sie ihn um kurze, aber wirklich nur sehr kurze Aufmerksamkeit. Sie hielt sich so eng an ihn, dass er um seinen Geldbeutel bangte. Als er vor dem Schaufenster einer Bijouterie stehen blieb und die Uhren musterte, drückte sie ihm einen an ihn adressierten

Umschlag in die Hand und bat ihn flüsternd, zu Hause möglichst bald die dort notierte Telefonnummer anzurufen. Dort erfahre er mehr. Es gehe um eine sehr wichtige Sache, es gehe letztlich um die Landesverteidigung. Ohne ihren Namen zu nennen und ohne ihm die Hand zu geben, verabschiedete sich die Frau, überquerte die Straße und verschwand, so wie sie gekommen war.

So einen wie ihn bräuchten sie dringend. Bergführer, Skilehrer, ein sportlicher Gefreiter mit besten militärischen Qualifikationen, kurz ein unauffälliger und doch spezieller loyaler Mann. Er erfuhr nichts Neues und doch, woher wussten die das, fragte er sich. Alles klang so surreal und doch vertrauenswürdig. Dass er im Militär eine Weiterausbildung abgelehnt habe, sei zwar heute noch sehr bedauerlich, stehe ihm aber bei ihnen nicht im Wege. Er solle sich weiter so gut in Form halten und seine Hobbys pflegen. Dass er Tierstimmen nachahmen könne, erachteten sie als Tüpfelchen auf dem »i«, erfuhr er später.

»Und nochmals, Herr Fetsch, topsecret! Kein Wort, weder zu Ihrer Lebenspartnerin noch zu Ihrer Familie. Zu niemandem! Überlegen Sie es sich gut und geben Sie mir bis spätestens in einer Woche Bescheid, ob Sie bei uns mitmachen wollen. Stellen Sie bitte keine Fragen, mehr will ich am Telefon nicht besprechen. Nur noch so viel: Es geht letztlich um die Landesverteidigung. Sie würden der Schweiz einen großen Gefallen tun. Vielen Dank, und ich erwarte gerne wieder Ihren Anruf«, sagte die geheimnisvolle Männerstimme am Telefon.

Schon wieder dieser patriotische Ausdruck.

Der Zug hielt, entließ Fahrgäste, nahm neue auf und bummelte wieder weiter im konturlos dunklen Simmental.

Dann war noch diese Übung »Iglu«, während der er, der Alpinspezialist, technischer Leiter sein werde und sich für ein halbstündiges Briefing vorbereiten solle. Es gehe um das Überleben im Schnee, stand noch in einem Begleitschreiben zum Aufgebot. Dann verflüchtigten sich seine Gedanken. Er nickte ein und schlief, bis ihn der Schaffner in Spiez zum Umsteigen aufforderte.

Bis Interlaken folgte der Zug meist im Verbund mit der Straße der Uferlinie des Thunersees. Inzwischen hatte es zu dämmern begonnen, und Fetsch schaute aus dem Fenster, in dem Milliarden Flocken erfolglos ihr Weiß dem bleigrauen Wasser beizumengen versuchten.

Das Angebot hatte ihn neugierig gemacht.

Ehre und Abenteuerlust.

Er hatte zugesagt.

Albert Fetsch war nun, zumindest auf dem Papier, Mitglied der P27. Diese Woche könne er auf weitere Genossen stoßen, dürfe sich aber auf gar keinen Fall zu erkennen geben. Keine Kontaktaufnahme, nichts. Seine Hausaufgabe sei, sich mit dem Betrieb auf einem Militärflugplatz vertraut zu machen.

Am Bahnhof Meiringen wurde der Gefreite Fetsch von einem VW-Bus-Fahrer abgeholt. Der Schneefall hatte leicht nachgelassen. Die Fahrt entlang der Balmerstraße glich eher einer Schlittenpartie. Schließlich konnte er sich dann doch heil in der Kaserne bei Hauptmann Kieser, dem Staffelkommandanten, melden.

»Ruh'n!«, befahl Kieser und begrüßte ihn freundlich mit Handschlag.

»Auf Sie wartet nicht gerade ein ›Schokoladenjob‹, aber auch keine Galeerenarbeit«, fuhr Kieser fort. »Im Vordergrund steht die Übung ›Iglu‹, für die Sie bis morgen Mittag die Hauptverantwortung tragen werden. Sind Sie bereit, noch vor dem Mittagessen diese Sache vorzustellen?«

Fetsch, nicht überrascht, nickte.

»Und was geschieht anschließend?«, wollte er wissen.

»Nun«, der Hauptmann schaute ihn ernst an, bevor er grinsend fortfuhr: »Aufwartefrau, so würden es zumindest die Österreicher nennen.«

Fetsch schaute ihn verwundert an.

»Was hat das mit mir zu tun?«

»Die Einzelheiten wird Ihnen der verantwortliche Angestellte der *DMP*, der Direktion der Militärflugplätze, mitteilen.«

»Was habe ich als Gebirgsfüsilier mit Spezialausbildung in der Kaserne zu tun?«

»Offiziersputz.«

»Offi…ziersputz? Herr Hauptmann, Sie scherzen.« Fetsch zog die Augenbrauen hoch und schaute ihn ungläubig an.

»Diesen Dienst haben übrigens vor Ihnen auch schon Direktoren oder Hochschulprofessoren zu unserer vollsten Zufriedenheit bewältigt«, versuchte Kieser, etwas Freude in Fetschs Gesicht zu zaubern. Nebenbei bleibe ihm genügend Zeit, völlig entspannt und unbelastet den Flugbetrieb zu verfolgen, und das sei ein wichtiger Nebeneffekt, strich ihm der Hauptmann Honig um den Bart.

In der Folge führte ihn ein Angestellter der *DMP* zunächst in seine Unterkunft, wo er ablegen konnte. Dann zeigte er ihm die Zimmer des Kommandanten, des Schießleiters sowie die drei Zimmer der Piloten. Alle Räume waren frisch gestrichen. Kein Hauch von Vorgängern mehr in der Luft, nur penetrantes Bukett von Chemie und Farbe. Die Betten müsse er jeden Morgen so beziehen, wie es aktuell bereits der Fall sei. Das sei keine Sache, es gebe selbst für Piloten keine Daunendecken. Wie alle Wehrmänner schlüpfen auch sie zwischen zwei Laken und darüber komme die gute alte Ordonanzwolldecke. Gut unter die Matratze stopfen und, wie in der Rekrutenschule gelernt, um eine Bajonettlänge umschlagen, Schweizerkreuz zentriert.

Als der Mann von Schuheputzen zu sprechen begann, spitzte Fetsch die Ohren. Keine Bange, auch diesbezüglich seien die Herren der Lüfte eine anspruchslose Kundschaft. Deren Schuhe würden eigentlich nie richtig schmutzig. Etwas bürsten und mit dem Lappen abreiben genüge.

»Und die Uniformen?«, fragte Fetsch.

»Auch diesbezüglich haben Sie es gut getroffen. Piloten tragen den ganzen Tag über ihren Overall, und der landet nach einer Woche in der Wäscherei. Hingegen gilt es, die Schlaf- und Waschräume zu reinigen und vor allem die WCs. Hygiene hat für die Herren hohe Priorität. Einteilen können Sie Ihre Arbeit selber und die Essenszeiten erfahren Sie von der Kantine. Wenn Sie Unterstützung brauchen, rufen Sie mich unter dieser Nummer an. Und vergessen Sie nicht, Gamaschendienst, Kasernenhofdrill oder wie immer man das nennen mag, sind Wörter, die man hier nicht kennt. Nun wünsche ich Ihnen guten Dienst.«

2

Hans *John* Ammann, wohnhaft in Bassersdorf, hatte sich schon um 04.00 Uhr in der Früh dazu entschieden, das Auto in der Garage stehen zu lassen und zu Fuß zum Bahnhof zu gehen.

»Nina, bitte, geh wieder schlafen«, bat er, nachdem ihm seine Frau das Frühstück zubereitet hatte.

»Und ob, wenn du einrückst, begleite ich dich zum Zug, selbst wenn wir diesmal zu Fuß gehen müssen. Jede Sekunde zählt! Zudem wäre dabei gleich noch *Ahiti* bewegt«, schmunzelte sie. Davon war sie nicht abzubringen.

Als der vierjährige Daniel schlaftrunken aus seinem Zimmer torkelte und unter allen Umständen mitkommen wollte, war der Fall ohnehin klar. Er war trotz Papas Argumenten, es sei noch zu früh, seine Schwester schlafe auch noch und er werde ihn dann nicht den ganzen Weg auf den Armen tragen, nicht davon abzubringen, seinem vierbeinigen Spielkameraden die große »Lok« zu zeigen.

So trotteten die Ammanns zu viert im Pulverschnee zum Bahnhof hinunter. Mutter und Söhnchen in dick wattierten roten Overalls und Westie *Ahiti* im roten Westchen. Der weiße knuddelige Hund konnte nicht genug herumschnüffeln oder wie aus dem Rohr geschossen Danis tapsig geworfenen Schneebällen nachjagen.

Der Oberleutnant war froh, das warme Futter in den feldgrauen Regenmantel geknöpft und lange, flauschige

Unterwäsche angezogen zu haben. In seiner Linken trug er den Effektensack, der nebst dem Fliegerabzeichen auf seiner Brust zu den eigentlichen Insignien eines helvetischen Militärpiloten zählte. Die Tasche war groß genug, um die Uniform aufzunehmen, und klein genug, um im Munitionsschacht oder Hülsensammler eines Jagdflugzeuges Platz zu finden. Handbücher, Wäsche und Ersatzuniform waren bereits vorgestern, in der schwarzen Offizierskiste verstaut, an der Rampe des Güterschuppens abgegeben worden.

»Dani, großer Bub«, lobte Vater Ammann seinen Sohn, als er spürte, wie der Kleine seine Fingerlein in seinen Handschuh grub und ihn bat: »Papi tragen.« Er übergab die Effektentasche seiner hübschen Frau und hob das Söhnchen hoch.

»Man räumt die Pisten«, sagte Ammann, als man von Weitem den Flughafen brummen hörte, wischte dem Bübchen den Schnee von der Wollmütze und bedauerte nebenbei – seiner Nina einen warmen Blick zuwerfend –, dass er heute leider nicht dazu komme, die Garageneinfahrt freizuschaufeln.

Rein zufällig kenne sie nette Nachbarn, lachte sie.

Ein Lastwagen rumpelte den Schneepflug vor sich her. In einer Nebenstraße warf eine kleine Schleuder die weiße Pracht in hohem Bogen zur Seite.

»Schönen guten Morgen, Familie Ammann! So früh schon auf?«, rief die Kioskfrau, die bereits Zeitungen und Zeitschriften büschelte.

»Nicht ganz freiwillig, liebe Frau Moser. Einen guten Tag wünschen wir Ihnen«, grüßten sie zurück.

Und so leise und so sanft fiel der Schnee.

Es vergingen keine fünf Minuten, bis die Glocken der Bahnschranke schellten und der Stationsbeamte kurz danach die langen Schlagbäume senkte.

»Nun kommt nächstens der Zug«, bemerkte Frau Ammann, und kaum gesagt, zeigte der Kleine aufgeregt auf die drei Lichter, die sich im Schneegestöber näherten. Das finstere Lokgesicht trug Rasierschaum auf Dach und Nase und in einem der schummrig beleuchteten viereckigen Augen konnte man die Silhouette des Lokführers hinter schlagenden Wischern erahnen. Als hätte sie sich verirrt, zog die *Ae 4/7* in leichter Schräglage eine Handvoll Personen- und einen Gepäckwagen mitten durchs Dorf.

Mit großen Augen und offenem Mund bestaunte der Kleine von Papas Arm aus das furchterregende Ungeheuer mit den vielen großen und kleinen Rädern. Dann beroch Ammann ein letztes Mal die so besonders fein duftende Haut seines Söhnchens, wischte ihm ein Tränchen weg und stellte ihn sanft zu Mamas Füßen in den Schnee.

»Mach's gut, Nina!«, wünschte er seiner Frau, während er ihr nochmals tief in die Augen schaute und sie umarmte.

Ihre Lippen waren schneefeucht und warm.

»Und du, lieber Dani, und du, du kleiner *Ahiti*, Mami viel Freude machen!«

Er kraulte kurz des Hündchens Kopf, während Dani auf die Lok zeigte, und kletterte unverzüglich und entschlossen mit ihren Worten – »Mach's auch du gut, ich liebe dich, mein Schatz!« – im Ohr die Stufen des alten Erstklasswagens hoch. Drinnen empfingen ihn angenehme Wärme und der trockene Duft nach Holz.

Kaum hatte er das Fenster aufgerissen, ruckte der Zug an. Jeden einzelnen Abschied von seiner Familie empfand er als quälend, ja schmerzlich, und er spürte Weindruck, als er sah, wie die beiden winkenden Figürchen und das rote Westchen vom fallenden Schnee aufgelöst wurden. Es gab nur einen einzigen Grund, sich jeweils von seiner Familie zu trennen, und dieser triftige Grund war in Gottes Namen vorher da gewesen. Ihm war vollumfänglich bewusst, dass sein Beruf nur bedingt familientauglich war; nichts für Frauen, die das eng abgesteckte Eheleben suchten. Eben erst war er übernächtigt vom Südatlantik zurückgekommen, konnte endlich ausschlafen und sich mit Frau und Kindern abgeben, und kaum ausgepackt, tickte die Uhr gnadenlos weiter. Es galt, die aus dem Fach der Swissair-Dienstpost abgeholte Sendung nach mehr oder weniger Wichtigem zu durchforsten, einen dicken Bund revidierter Blätter in sieben Handbücher abzulegen und vor allem die zahllosen Änderungen zu studieren und zu memorieren. Zu guter Letzt, aber prioritär, musste der Trainingskurs vorbereitet werden, und schon ging es wieder ans Packen.

Draußen blies der Fahrtwind und klebte unermüdlich die Fensterecken zu.

Ammann schlüpfte mit den Fingern unter das Hemd, prüfend, ob er seine Erkennungsmarke, seinen »Grabstein« oder Glücksbringer nicht vergessen hatte. Danach griff er in die Tasche, zog die *Hunter*-Checkliste hervor, warf aber vorher nochmals einen Blick auf den Dienstbefehl. Gerade mal zehn Mann hat unser Staffelkommandant aufbieten können, schmunzelt er. Sechs Piloten stecken offensichtlich bei Swissair in Umschulungskursen oder sonst wo. Außer den neu eingeteilten Leutnants bekleiden nun alle den geschenkten Grad des Oberleutnants. In Kloten werden wohl *Geri* und die beiden Neuen zusteigen. Artho und Leu? Noch nie gehört. Nicht anzunehmen, dass jemand bei diesem Wetter per Auto einrücken wird. *John*, durch Hinstarren lässt sich diese Liste nicht erweitern. Das bringt *Sky* auch nicht zurück. Stets sind wir gemeinsam eingerückt. Jedes Mal ist er in Kloten zugestiegen. Ein hervorragender Pilot. Weshalb also gerade du, mein bester Freund? Wenn schon, hätte es andere gegeben, die man eher hätte entbehren können.

Weiter kam Ammann nicht.

Bereits kreischten die Bremsen Kloten herbei.

Gerhard Gut betrat das Abteil mit gerötetem Gesicht, gefolgt von den beiden Jungspunden. »Ah, da ist er ja, unser *John*! Der Mann bringt feinstes Flugwetter mit«, grinste *Geri* Gut, klopfte sich den Schnee vom Mantel und warf den Hut ins Gepäckfach. Er zog die Handschuhe aus, Ammann erhob sich und sie begrüßten sich herzlich. »Und das ist unser gnadenlos nachstoßender Nachwuchs!«, machte *Geri* die beiden Leutnants Jan Artho und Fritz Leu mit Hans *John* Ammann bekannt.

»Ich bin der *John*, willkommen bei den *Dinos!*«, wandte sich Ammann ihnen freundlich grinsend zu und stellte sich ohne Umschweife, wie unter Staffelkameraden üblich, mit seinem Decknamen vor.

Die beiden Leutnants schauten sich kurz fragend an, ob es sich überhaupt lohne, den Mantel auszuziehen, hängten ihn dann aber doch auf und setzten sich zu den beiden arrivierten Fliegern. Draußen war gleich wieder der Teufel los.

Ammann legte Checkliste und Dienstbefehl beiseite, wechselte kurz mit *Geri* Gut ein paar Worte, dann wandte er sich den beiden Neulingen zu. Der Umschulungskurs auf Hunter liege zwei Monate zurück, bestätigten sie. Sie seien also diesbezüglich noch Greenhorns, würden aber sicher rasch dazulernen. Sie interessierte vor allem der Dienstbetrieb in der Staffel 22 und ob es gleich zu Anfang einen Eintrittstest gebe.

»Nein, nein, bis anhin nicht«, beruhigte *Geri* sie, schob aber noch maliziös lächelnd nach: »So sicher ist man aber nie.«

Ziemlich bald wollten die beiden wissen, wie es im vergangenen November zum Unfall mit Boris Loher gekommen war.

»Da kannst du am besten Auskunft geben, *John*. Du warst ja *Skys* Verbandsführer.«

Ammann seufzte und schaute nochmals nachdenklich zum Fenster hinaus.

»Wenn man auf die Zunge beißen muss, kann man schlecht reden. Ich versuche es dennoch. Nach einem Luftkampfeinsatz im Wallis hatten wir noch genügend Petrol übrig und ich hängte, wie so üblich, vor dem Matterhorn noch zwei Loopings so an, dass das Gipfelkreuz die Achse des Riesenrades war. Antoine würde sich heute vielleicht so vernehmen lassen: fliegende Delfine am Himmel, geschoben von heißem, getrennt durch eisigen Luftstrom. ›Irre‹, kommentierte *Sky* trocken, als wir im zweiten Looping etwa zweitausend Meter über dem verschneiten Nationalmonument auf dem Rücken lagen. ›Alpsegen‹, scherzte ich, kurz zu ihm hochschauend, wie er drei Meter über mich gestuft und vier Meter rechts mitpfeilte. Er empfinde dieses Synchronschwimmen eher als Erotik, antwortete er darauf. Ob schnell oder langsam, ob viel oder wenig Beschleunigung, ob auf dem Rücken fliegend unten plötzlich oben war, *Sky* blieb an meine Seite geschweißt. Boris Loher war ein hervorragender Pilot. Danach setzte ich Kurs Richtung Furkapass und befahl über dem Oberwallis den Wechsel auf die Welle 25 von *Rama*, dem Überwachungsradar. Wir waren im klarsten Sichtflug. ›*Dino uno sohn?*‹, rief ich ihn auf. ›*Roger, loud and clear*‹, antwortete *Sky*. ›*Rama, Dino uno!*‹, meldete ich uns für die Bereitstellung zum Anflug an. ›*Dino uno turn left, heading north!*‹ Um uns zu identifizieren, drehte uns der Fluglotse nach links und meldete nach wenigen Sekunden: ›*Dino uno identified over Andermatt, you're heading is good.*‹ Ich schaute *Sky* an, hielt den Zeigefinger hoch, nickte und wählte Landeklappe erste Stufe. Dann kommandierte uns das Radar auf Kurs 295° für den Endanflug. Wir waren kurz vor Beginn des Sinkflugs. Im Spiegel sah ich, wie *Sky* sich erneut näherte und Maß nehmend unter meinen rechten Flügel kroch. Ich drehte ihm nochmals den Kopf zu und blickte in sein dunkles, auf mich fixiertes Helmgesicht. Durch Cockpitkuppel und Blendschutz hindurch konnte ich die von der Sonne erhellte Augenpartie erkennen. Er hob flüchtig den linken Daumen und wahrscheinlich lächelte er sogar unter seiner Sauerstoffmaske. Wir hatten bis anhin einen sehr befriedigenden Flug hinter uns und verfügten immer noch über ausreichend Restpetrol an Bord. Es war folglich kein Auftrag gewesen, vor dem uns Kameraden gebeten hätten, die Geldbeutel zurückzulassen. Dann konzentrierte ich mich auf die Instrumente. ›*Keep heading 295° and call*

Meiringen Approach on channel 46‹, verabschiedete sich der Speaker. Gleich würde es steil abwärtsgehen. Der Radarcontroller von Meiringen meldete sich augenblicklich und befahl nach dem Aufruf: ›*Dino uno, you're heading is good, shortly before descent, do not acknowledge further instructions.*‹ Beantworten Sie die kommenden Instruktionen nicht mehr, befahl er, und fuhr gleich fort: ›*Gear down.*‹ Ich hob den Kopf an und drückte beim Senken den Fahrwerkknopf, ›*… flaps four and descent now with twenty meters per second*‹, gefolgt von ›*on glidepath, turn left three degrees*‹ und weiteren minimalen Korrekturen. Nun ging, wie ihr es kennt, die Post so richtig ab. Nach den drei roten leuchteten die grünen Lichter auf. Das Fahrwerk war draußen und verriegelt, die Klappen auf Stufe vier. Der Anflug verlief auf dem 11°-Gleitwinkel wie am Schnürchen. Unmittelbar vor dem Eintauchen in die Wolken – als die Gebirge bedrohlich näher rückten – warf ich einen Blick in den Spiegel. *Sky* hing immer noch perfekt unter meinem rechten Flügel und starrte mich an. Dann tauchten wir schlagartig in die düstere Suppe ein und ich folgte voll konzentriert den am laufenden Band gesprochenen Kommandos des Radarkontrolleurs. Meine Steuerführung war ruhig und fein. ›*On centerline, on glidepath*‹, folgten regelmäßig wie im Schulbuch und lösten das beklemmende Gefühl. Während ich es in meinem Kabäuschen angenehm warm hatte, bildeten sich an der Außenseite der Verglasung Kondenswasserfäden. Alles wie gewohnt, alles wie am Schnürchen, bis …«

Ammann unterbrach sich, als er die blaue Stationstafel von Oerlikon vorbeistreichen sah und der Zug abbremste und dann anhielt.

Er schniefte und blickte *Astor*, dann *Fox* und schließlich dem neben ihm sitzenden *Geri* in die Augen.

»Plötzlich sprach mich der Speaker aufgeregt mit meinem Decknamen an: ›*Dino uno how do you read?*‹ Dino eins, wie verstehen Sie mich? ›*Loud and clear*‹, laut und deutlich, antworte ich arglos. ›*Maintain heading 290°*, your glidepath is okay!‹ Dann hob er seine Stimme an: ›*Dino uno sohn how do you read!*‹ Ich löste meinen Blick einen Sekundenbruchteil vom künstlichen Horizont, hob den Kopf an und schaute in den Spiegel. Mein Herz stockte. *Sky* war nicht mehr da. Augenblicklich ging ich wieder auf die Instrumente, um im Wolkenflug ja kein falsches Gefühl aufkommen zu lassen. ›*Dino uno sohn!*‹, überschrie ich den Speaker. Keine Antwort. ›*Dino uno heading and glidepath okay*‹, sprach der Operateur ruhig weiter, und wieder schrie ich: ›*Sky! Sky, wo bist du?*‹ Über Innertkirchen fiel ich plötzlich aus den Wolken, drehte den Kopf kurz nach rechts, dann nach links … und sah ihn, einen knappen Kilometer weit weg, leicht zurückgefallen, schwarz wie ein Schatten …, kurz vor einer Felswand …, dann folgte der Feuerball … ›*He crashed! No parachute …*‹, meldete ich dem Fluglotsen völlig konsterniert, schaltete auf die Flugplatzfrequenz um, setzte volle Landeklappen und landete.«

Der Zug verließ Oerlikon.

Ammann atmete schwer und schaute nach draußen, bis sie in den Tunnel einfuhren und *Astor* ihn mit

»Und dann … ?« abholte.

»Und dann … «, sprach Ammann, »… und dann, nachdem ich aufgesetzt hatte, schnürte es mir die Kehle zu und ich hätte am liebsten eine Betäubungsspritze in die Seele bekommen. Aber stattdessen gab es noch einiges zu tun. Ich warf den Bremsschirm ab und rollte wie im falschen Film zurück. Ohne seinen *Sohn*, seinen Flügelmann, Kameraden und besten Freund zurückzukommen, ist schwer, satanisch schwer sogar. Es fröstelte mich, doch das ganze Ausmaß des Dramas drang noch gar nicht richtig zu mir durch.«

Das Trommelfeld meldete sich, der Zug hatte das Loch bei Wipkingen verlassen und drosselte bereits wieder die Geschwindigkeit für den nächsten Halt.

»Erst als wir vor der Haustür standen … Kieser und ich … und ich betete, dieser Kelch möge an mir vorübergehen … und der Staffelkommandant läutete … und Lohers Frau und die beiden Kinder … nein, so etwas möchte ich nie mehr erleben. Bitte entschuldigt mich, es geht mir immer noch sehr nahe.«

Die anderen drei schwiegen.

Der Zürcher Hauptbahnhof kündigte sich mit einem gewaltigen Bund von schwarzen, ins Weiße gezogenen Linienpaaren an. Gleise kamen, Gleise gingen.

Bei Ammann war die Luft draußen.

»So ist das Leben, man stirbt, Eugène Ionesco«, kommentierte *Fox* lapidar und *Astor* murmelte: »C'est la vie, wen die Götter lieben, der stirbt jung.«

»Ein schwacher Trost, doch das gehört offensichtlich auch zu unserer fliegerischen Tätigkeit«, kam *John* Ammann nochmals darauf zurück. »Anfänglich wollten wir mit Hildegard Loher und den Kindern gemeinsam Weihnachten feiern, verzichteten aber darauf. Es sprach mehr dagegen als dafür.«

»Als wäre unser Leben nicht ohne solche Unfälle schon kurz genug«, sprach *Geri*, als sie in die Mäntel schlüpften.

28

Im Zürcher HB marschierten sie an den vor den Prell-
böcken wartenden, weiß gepuderten Lokschnauzen entlang. Dunkel blickten die Frontscheiben in die Halle.

Gleiche Brüder, gleiche Kappen! Auf Bahnsteig Nummer 8 erkannten sie das uniformierte Grüppchen, das auf
den Zug wartete, von Weitem: Braun, Kull, Matter und
Ribi. Sie schüttelten sich froh die Hände, nur Ammann
und Kull begegneten sich unübersehbar kühl. Das Tisch-
tuch zwischen ihnen war schon seit Zeiten zerschnitten.
Zu oft lagen sie übers Kreuz und Ammann hatte Kulls ma-
liziöse Sprüche und sein ziemlich störanfälliges Gewissen
satt, vor allem, nachdem er sich seiner Schwester gegenüber so taktlos verhalten hatte. Am Ende ihrer Ehe hatte
er sie noch verbal abgeschlachtet.

Die beiden Leutnants wurden umstandslos und freundlich aufgenommen. Sie trugen nagelneue, auf ihre gerten-
schlanken Leiber geschnittene Uniformen, welche die
Arrivierten stumm, aber wohlwollend musterten. Bei
ihnen lag die Offiziersschule, als sie eingekleidet wurden, schon Jahre zurück. Uniform war eben nicht gleich
Uniform. Waffenrock und Hose der Offiziere konnten
sich bezüglich Schnitt, Stoffqualität oder -farbe durchaus
leicht unterscheiden. Für Flieger musste das Gewebe unbedingt einen Blaustich aufweisen. Allen gemein waren
Feinstofflichkeit, Gradabzeichen, Truppengattungsspiegel
und vor allem der Wing, der Stolz jedes Piloten. Es war
Usus, dass gegen Mitte der Offiziersschule die Schneider
aufkreuzten, die ihre Produkte den intensiv umworbenen
Aspiranten anboten. Irgendwann mussten sie sich für ein
Atelier entscheiden. Maß nehmen, Anprobe, Auslieferung
waren militärisch eingeplant. Am Abschlussball durfte

der frischgebackene Leutnant endlich erstmals sein teures Korsett, welches kaum Freiheit für die Eingeweide bot, zuknöpfen und seine herausgeputzte Begleiterin in den Arm nehmen. Auf jeden Fall mussten sich die meisten eine gewisse Zurückhaltung beim Genuss auferlegen, wenn sie nicht schon in Kürze in ein neues Ehrenkleid investieren wollten.

Wie an Fäden gezogen, drehten sich ihre Hüte, als die elegante *Re-4/4*-Schnellzuglokomotive ihren Zug nach Luzern vorfuhr.

Die meisten waren noch beim Haarschneider gewesen. Ihr steifer Hut mit dem horizontalen Schild glich einem französischen Képi. Nur Kull wich davon ab. Sein Sonnenschild fiel steil auf seine Nase hinunter; es schien, als hätte einmal eine Kuh seinen Hut mit einem Grasbüschel verwechselt, und der windschiefe Châpeau claque wäre ihm, wenn er nicht von seinen dicken semmelblonden backenlangen Strähnen aufgehalten würde, an den Ohren aufgestanden.

Nun fehlten nur noch drei. Staffelkommandant Max Kieser war, so die Regel, bereits in Meiringen am Organisieren und die »Bärner Gielä« würden via Interlaken dazustoßen.

»Spielen die beiden Grünschnäbel ebenfalls Karten?«, fragte *Kull* kaltschnäuzig und ohne Umschweife. Den Moment ihrer Überraschung nützte *Chris*, um eine abschätzige Grimasse zu schneiden und vor ihrer Nase Daumen und Zeigefinger zu reiben.

»Es geht ja nicht um Geld, zumindest heute noch nicht«, versuchte *Kull*, *Astor* und *Fox* zu begeistern. Nun folgte noch die Wahl des Abteils.

Nachdem Raucherkollege *Chris Kull* sekundierte und *Astor* sich ebenfalls zur Sünde bekannte, war der Fall bald klar. Das Jassquartett würde aus *Kull, Fox, Astor* und *Chris* bestehen und im »Raucher« Platz nehmen.

Mit gewisser Erleichterung entschieden sich die anderen vier für den »Nichtraucher«.

John Ammann und seine drei Kollegen wollten unbedingt noch die Hunter-Checkliste repetieren.

Geri Gut wunderte sich, wie lange es wohl gehen würde, bis *Kull,* mit den Karten in der Hand, wieder in Trance verfallend, nach den erstbesten Worten schnappen würde, die ihm im Hirn herumschwirrten. Dazu gehörte, dass er den neuen Leutnants sein Bangkok-Gesabber um den Mund schmieren und sich dazu noch mit seinem Golf-Handicap und anderem Geseich brüsten würde. Er habe eben diesbezüglich ein eigenes, eher sexistisches Weltbild, näselte *Geri,* während *John* seine Checkliste auspackte und etwas von Bumskultur vor sich hin murmelte.

Kull, mit hohem IQ und einem geradezu phänomenalen Gedächtnis gesegnet, war ein leidenschaftlicher, gefürchteter Spieler.

Nach kurzem Small Talk versiegten die Gespräche bei den vier Nichtrauchern, und just als der Zug mit der Einfahrt in den Zimmerberg-Tunnel dem Schneegestöber entfloh, nahmen sie das »*Hunter*-Merkblatt« zur Hand.

Kaum hatten sie die Kontrollen »Beim Einsteigen«, »Nach dem Einsteigen« und »Mit Mechaniker« durchgegangen, kündigte der Druck im Ohr an, dass sie das Loch wieder verlassen würden.

John schaute *Geri* an, als er ihn mit dem Bleistift hantieren sah.

»Das glaubt nun keiner«, klönte *Geri*, »bis du endlich den Starterknopf drücken kannst, musst du vierundvierzig Checklistenpunkte abhaken!«

»Abhaken ginge ja noch«, sagten *Rap* und *Frama* wie aus einem Mund. »Da haben wir es im Verkehrsflugzeug einfacher, dort liest einer der beiden Piloten und der andere führt aus.«

»Der *Hunter* ist ein Kriegsflugzeug. Wenn dir vor einem Start Geschosse um die Ohren fliegen, bist du froh, wenn du auswendig flott vorankommst«, gab *John* Ammann zu bedenken.

Der Zug rollte über einen Eisenviadukt, wurde herumgeschubst, Gleise flohen und kamen, Sihlbrugg, der Schnee pfiff wieder waagrecht vorbei.

»Notpaketleine mit Anti-g-Anzug kuppeln, damit im Falle eines Abschusses das Abendbrot nicht im Flugzeug zurückbleibt, und prüfen, ob genügend Kerosin an Bord ist und du die beiden Schleudersitzsicherungen entfernt hast, sind wohl die wichtigsten Checks vor dem Laufenlassen«, resümierte *Rap* schalkhaft.

Der Zug fuhr bereits durch den Albis-Tunnel, als sie mit ihren virtuellen Flugzeugen »wegrollten«.

»Ich habe ebenfalls nachgezählt und glaube es kaum«, sagte *Rap*. »Das ergibt ein Total von sage und schreibe fünfundachtzig Kontrollen, bis du auf der Piste stehst und Vollschub geben kannst!«

»Gut, wenn du im Cockpit sitzt und die Checks von links nach rechts durchgehen kannst, geht das ja noch«, murmelte *Geri*. »Aber die laufen ja oft noch übers Kreuz.«

Im Raucherabteil drüben verstrich in der Tat keine Viertelstunde, bis *Kull* während der Kartenausgabe, die

Zigarette an geradezu lüstern geschürzter Lippe hängend, Einzelheiten vom letztwöchigen Bangkok-Sling preisgab.

»So eine Thai-Massage …«, begann er. »… mit einem Schielkätzchen …«, murmelte er und musterte, während er die Karten einreihte, kurz die beiden Jungen aus seinen stahlblauen Augen, »… so ein Liebesdienst entspringt einer alten Tradition«, flunkerte er und strich sich eine blondierte Haarsträhne aus der Stirn. »Das ist echtes Bling-Bling und man soll doch die Gene möglichst breit streuen, nicht wahr? Wenn ihr dann endlich groß seid, dann dürft ihr auch einmal mitkommen«, frotzelte er wölfisch grinsend.

»Sofern wir nicht noch deine Präservative aussieden müssen, gerne, aber wahrscheinlich werden wir schon selber zurechtkommen«, gab *Fox* trocken zurück.

»Gut gebrüllt, junger Löwe!«, quittierte *Kull,* wieder in seine Karten stierend.

Der gemütliche *Chris* Ribi, seines Zeichens DC-9 Captain, quittierte *Fox'* Antwort mit einer verächtlichen Fratze. Zum Unterschied zu den beiden Leutnants hatte er *Kulls* Sprüche bereits zur Genüge anhören müssen und wusste genau, dass der damit seine Gegner zu Flüchtigkeitsfehlern verleiten wollte.

»Geschiedene *Coronado*-Commander …«, presste *Chris* mit Seitenblick zu *Fox* hervor, »… haben eben öfter den Lendenbrand, weil sie sich ständig den Christbaum durch den Hintern ziehen lassen.« Dieser happige Beistand löste ein Gelächter aus, das selbst im Nichtraucher zu hören war.

»Müsste ich dich, mein lieber Egon Kull, in Thailand einmal steckbrieflich suchen lassen, würde ich dich in etwa

33

folgendermaßen umschreiben: Chauvi, vierunddreissig Jahre alt, 170 cm groß, schlank, blaue Augen, dichtes, mittellanges, blondiertes Haar, Oberlippenbart, spricht Zürcher Dialekt ... in seine Parfumwolke verirrt sich keine Mücke, und wenn er nicht raucht, kaut er an einem Hölzchen.«

»Gut so, total gut«, unterbrach ihn *Kull*, während er das Spiel mischte und ergänzte: »Trägt goldene Ohrstecker, goldene Manschettenknöpfe, eine goldene Omega, eine breite goldene Kette am Arm, ein goldenes Kreuz, und selbst seine Erkennungsmarke am Hals ist vergoldet, kurz, er ist ein goldiger Typ. Reagiert auch auf die Namen *Kull* oder *Hölzli*.«

»Nun hör mal gut zu, ich bin bei Weitem noch nicht fertig«, insistierte *Chris* und unterbrach das Spiel für einen Augenblick. »Der Gesuchte ist bekannt als Busengrapscher, Prestigechampion, Profilneurotiker und allzeit brünstiger Deckhengst. Erachtet die Ehe schlimmer als die Syphilis, deshalb sein geradezu zwanghafter Frauenkonsum. Hat seine Hörner bei Weitem noch nicht abgestoßen, liest gerne im roten Mao-Büchlein, äußert meist grobkörnig und ungefragt seine Meinung. Häme ist nur das Feigenblatt vor seiner Unsicherheit.«

»Na, du eifersüchtiger Kurzstreckenheini du, es reicht! Da geht zoologisch etwas viel durcheinander, konzentriere dich besser auf deine Karten«, gab *Kull* arschkalt zurück.

Ob Anspielungen oder Seitenhiebe, sie prallten an ihm ab wie Regen an der Windschutzscheibe. Es schien gar, dass Dreck am Stecken ihn immun machte. Nach kurzer Pause begann er vom World's Sexiest Jetliner zu sprechen. Ammann und Kull waren bereits stolze Langstreckenkapitäne auf der legendären *Convair CV-990 Coronado*.

»Tja, ihr habt es ja schon gesehen, das schnellste Linienflugzeug der Welt, dem der *Hunter* nur mit Mühe folgen kann«, wandte er sich kurz an die beiden Leutnants.

»Brauchst gar nicht so zu pupen«, zündelte *Chris*. »Dein Flieger ist zwar eine Rakete, säuft aber auch Most wie ein Schluckspecht und stößt so viel Rauch aus, dass die Flughafenanwohner nach deinem Start hustend das Licht anzünden müssen.«

»Neid der Habenichtse«, ließ *Kull* auch diese Häme locker an sich abträufeln und zündete sich in aller Ruhe eine neue Zigarette an. Der Morgen dämmerte.

»Was war das nur für ein Riesenarschloch! Den, der das angezettelt hat, würde ich heute noch federn!«, rief *Geri* aus.

»Ist doch längst gegessen«, beruhigte *John* ihn. Er spürte gleich, worum es ging. Es war auch schwer nachzuvollziehen, weshalb man nach den britischen *Vampire- und Venom-Cockpits* tatsächlich auch die englisch beschrifteten *Hunter*-Schalter, Griffe und Hebelchen im Rahmen der Helvetisierung abgedeckt, weggeschliffen und französisch überschrieben hatte. Und diesen Unsinn zog man in über fünfhundert Maschinen durch. »Mensch ärgere dich nicht«, beruhigte ihn *John*.

In Luzern mussten sie den Perron in Richtung der Schmalspur-Brünigbahn wechseln. Die Herren mit den lässig an ihren Offiziersdolchen baumelnden Kordeln bestiegen wieder getrennte Abteile eines Erstklasswagens.

Kull klaubte gleich die Karten und eine *Havanna* aus seinem Pilotensack, pflanzte sich genüsslich hin und drückte *Fox* das Spiel in die Hand. In Seelenruhe brannte sich *Kull* die Zigarre an, bevor er aufnahm und durch den blauen

Dunst seinen Opferlämmern zublinzelte. Im Nu versank das Abteil im dicken, fetten Qualm, just bevor ein attraktives, hochgeschossenes, winterlich gekleidetes Fräulein unter die Tür trat. Sie rümpfte gleich ihre Nase, hüstelte und begab sich – trotz eines aufschnellenden *Fox*, der ihr, noch mit dem Kartenfächer in der Hand, den Koffer verstauen wollte – freundlich nickend ins nächste Abteil.

»Ihr sind wir wohl zu wenig vornehm«, nuschelte Fox.

»Bestimmt eine Polen-Olga, doch auch die hat nur ein Spältchen«, schmähte *Kull* ihr nach und zog genüsslich weiter an seiner *Havanna*. »Der hätte selbst ich noch«, hustete er, dass es einen Hund erbarmte, und *Fox* warf behände die Tür ins Schloss, bevor *Kull*, nachdem er den Mund abgewischt hatte, wieder zu sich kam. »... der hätte selbst ich noch die Beine hoch geküsst«, und beinahe kotzend, »... oder das Vanilleeis von der Brust gesuckelt.«

»*Kull*, der ewige Kannegießer! Entweder hat dich deine Mutter mit Eselsmilch aufgezogen oder sie hat eine Schlange am Busen genährt. Gott segne den Tag, an dem dir endlich wieder eine dein Lästermaul stopft, und das ist Bock!«, sprach *Chris* und machte diesmal den Sack zu.

»Tja, *Chris*, Frauen sind aus der heutigen Gesellschaft einfach nicht mehr wegzudenken. Wie hättest du sonst an den Brüsten der Weisheit saugen können? Eselsmilch macht übrigens stark, sackstark ... und dieser gehört wieder einmal mir«, und schon stach *Kull* wieder ab.

»Besagte Milch macht aber auch bockstur«, hieb *Chris* noch einen drauf.

Um sich ernsthaft und in Ruhe seiner Checkliste widmen zu können, hatte sich Ammann im gut besetzten Nichtraucherabteil ans gegenüberliegende Fenster gesetzt.

Exakt der Fensterplatz ihm vis-à-vis schien der schönen Frau zuzusagen. Jedenfalls schaute sie – wie eine Fee aus der Rauchwolke kommend – freundlich zu Ammann hinunter, zeigte stumm mit dem Handschuh auf den freien Sitz.

Ammann nickte, schoss hoch, ergriff ihren Koffer und verstaute ihn auf der Gepäckablage, half ihr unter den Blicken seiner Kollegen aus der Pelzjacke und bot ihr den Sitz in Fahrtrichtung an.

Sie deutete mit ihrer dicken Kosakenmütze eine Verneigung an und entblößte kurz ihre schneeweißen Zähne. Dann aber interessierte sie sich gleich so intensiv für den Betrieb auf dem Bahnsteig, als erwarte sie jemanden.

Als der Zug anfuhr, zog sie ein Buch aus ihrer Tasche, und *John* Ammann hakte sich wieder in seine Checkliste ein.

So fegte der kaum halb besetzte Zug mit den acht Piloten der Fliegerstaffel 22 den Vierwaldstättersee entlang, der sich nur schemenhaft zeigte, verschwand nach Hergiswil im Loppertunnel, wurde am Alpnachersee, an dem sich die Autos immer noch im Scheinwerferlicht entlangtasteten, wieder zutage gefördert, ließ die gelben Tonnen der Seeziele ebenso wie den eingeschneiten Flugplatz Alpnach links liegen. Es war noch gar nicht lange her, dass dort *John* Ammann erstmals *Paco,* seinem Geheimdienstchef, begegnet war.

Auch die Piste von Kägiswil/Sarnen lag in winterlicher Verhüllung und Agonie und der Zug eiferte dem Brünigpass zu.

Die Passagiere schauten kaum nach draußen, wo es weiterhin wüst stöberte und das Leben erloschen schien.

Indessen waren die vier Nichtraucher mit der norma-len Checkliste fertig und ackerten, sich gegenseitig abfra-gend, nun die Notmaßnahmen durch.

»Schleudersitzabschuss frage ich nicht, zu einfach. Aber was sind die ersten Punkte beim Triebwerkausfall?«, begann *Rap*. Und so plagten sie sich, bis auch die Elek-trik-, Hydraulik-, Fahrwerk- und Petrolstörung sowie Feuerwarnung, Startabbruch, Trudeln und weiß der Geier was saßen.

Vor jedem Zahnradabschnitt reduzierte der Lok-führer die Geschwindigkeit. Waren nach kurzem Rum-peln und Schwanken die beiden Triebzahnräder in der Sprossenzahnstange sauber eingerastet, ging es wie Butter durch den Schneekanal bergan. Es schneite unaufhörlich, und ohne es zu registrieren, fuhr der Zug in dicken Nebel ein.

All das schien die Schöne nicht zu beschäftigen. Sie wäre aber keine Frau gewesen, wenn sie nicht bemerkt hätte, dass Ammann sie hin und wieder aus dem Augen-winkel beobachtete.

Völlig überraschend bückte sie sich nach dem Buchzei-chen, das auf den Boden gefallen war, und wäre um ein Haar mit dem aufmerksamen Ammann zusammengesto-ßen. Beide richteten sich auf, ihre Gesichter entfernten sich wieder, und abermals bedankte sie sich mit einem Lächeln aus sinnlichem Mund. Dann hob sie sorgfältig ihre schief sitzende Mütze ab und legte sie auf das Polster neben sich.

»Ein wunderschönes Fell«, bemerkte Ammann mit Blick auf die feinen hellbraunen Härchen, die sich auf des Hutes Stirnpartie wie nach einer Explosion teilten und in silberne Spitzen übergingen.

Sie schaute ihn erneut kurz, aber eindringlich aus ihren großen, lachenden Augen an, schüttelte den Kopf und hob die dichte Fülle ihrer dunkelblonden Haare an.

»Ein Fuchs?«, blieb Ammann am Ball.

Sie nickte leicht, wackelte ebenso leicht mit dem Kopf und zuckte die Schultern. Ihm fiel auf, wie sehr sie jeweils auf seine Lippen fixiert war, und als sie ihn das nächste Mal anschaute, just bevor sie sich ein Schläfchen gönnte, taxierte er ihre Augenfarbe mit Jadegrün. Weich gepolsterte, hohe Wangenknochen, eine zierliche Nase, ein fast kindlicher, übersinnlicher Mund. So weich, so fein, so lieblich. Im entspannten Gesicht der schlafenden Frau spiegelt sich doch stets das Kind, dachte sich Ammann, als er sie, fast schamlos in ihre Intimität eindringend, betrachtete, sich aber rasch abwandte, als sie überraschend ihre Augen wieder öffnete.

Das Schild »Brünig-Passhöhe« am Bahngebäude war kaum lesbar. Blindflugbedingungen.

Auf dem Nebengleis kletterten Arbeiter auf einer großen roten Schneefräse herum.

Die Nichtspieler beobachteten das Hin und Her von Schnee und Nebel, warfen aber auch ab und an einen Blick auf die Schöne, während drüben die Spieler unablässig und abgekuppelt von der Umwelt in ihre Kartenfächer stierten. *Kull* saß erwartungsgemäß mit zufriedener Miene da. Die beiden Leutnants lagen punktemäßig bereits weit zurück. Zwischendurch lachten sie wieder einmal eines läppischen Spruchs wegen.

Später schwenkte der Stationsvorstand die T-Kelle mit dem weißen Schrägstrich in die augenlose Landschaft, und gleich ging es bergab, in zugemottetes Berner Oberland, in ein Tal, das überhaupt nicht mehr existierte, das der Winter in einen komaähnlichen Zustand versetzt hatte. Eine Unverschämtheit, für eine Trainingswoche solches Wetter zu bestellen. Dort, in dieser Suppe unten – diesbezüglich waren sich die Herren Piloten sicher –, würde weder heute noch morgen geflogen werden. Wieder rasteten die Zahnräder ein und zufrieden stotterte der Zug bergab.

Einer Litanei gleich hatte Ammann seine hundertvierzehn Checklistenpunkte auswendig im Kopf parkiert und hatte seinen *Hunter* im Geiste wieder am Standplatz abgestellt.

Fern im Süden das schöne Spanien, vielleicht auch Rio, Bangkok, Hongkong oder New York, diese brodelnden Metropolen, das wären doch passendere Alternativen gewesen, träumte er.

Inzwischen streckte die Dame ihre langen Beine neben Ammanns mit schwarzen Biesen bestückten Hosenstößen aus. Sie trug eine körperbetonende schwarze Keilhose, die in braunen Fellstiefeln endete.

Immer wenn er sie anschaute, wandte sie ihren Blick ab. Tadelloser BH unter dem schwarzen Pullover, und gleich störte es ihn, dass er einmal mehr so viel Gefallen an einem fremden weiblichen Wesen fand. Dabei war er sich kaum mehr bewusst, wie sehr auch er auf Frauen wirkte. Viele verglichen ihn mit *Joachim Hansen*. Er stand dem deutschen Schauspieler und Frauentraum wirklich in nichts nach, im Gegenteil. Auch Ammann war schlank und hochgewachsen, mit einem geradezu frauenmörderischen Gesicht. Senkrechte hohe Stirn unter hellbraunem, dichtem Haar, blauer, einnehmender Blick, Nase und Mund … Michelangelo. Vor allem aber seine charmante Art und die beruhigende Stimme, in die er durchaus Autorität legen konnte, umgarnte jedes Weibervolk. Erste graue Einsprengsel an den Schläfen taten all den Attributen keinen Abbruch.

Charakterfest? Na ja.

Trotzdem, *John* war der Traum jeder Schwiegermutter.

»Ich tippe auf sibirischen Fuchs oder Wolf«, versuchte er erneut, sich ins Gespräch zu bringen, und zog die Hose an den Bügelfalten hoch, obwohl er nach dem Blick auf die Uhr seine Felle schon davonschwimmen sah.

Wieder fixierte sie seinen Mund, wog sanft ihr Haar, hielt kurz den Zeigefinger ans Ohr, verzog ihr anmutiges Gesicht und begann blitzschnell und völlig unerwartet mit ihren Händen Figuren in die Luft zu zeichnen.

Ammann und seine Kollegen gegenüber starrten sie mit offenen Mündern an.

Sie zögerte einen Augenblick, und noch während sie in ihre Tasche griff und zu schreiben begann, flüsterte *Rap John* Ammann »*mutus und sordo*« zu, was im *Bambini-Code*, der leicht codierten, hauptsächlich auf Klangprägnanz ausgerichteten helvetischen Fliegersprache, nichts anderes als keinerlei Funkkontakt oder eben taubstumm bedeutete.

Inzwischen schrieb sie in großen Buchstaben »death« auf die Rückseite eines Briefumschlages und drehte ihn um.

Ammann machte Augen wie Pflugräder und sie schaute ihn beinahe liebevoll an, als wäre sie verblüffte Gesichter gewohnt.

»Death?«

Ammann richtete sich auf, wandte sich kurz seinen Kollegen zu, rutschte, die Finger knetend, auf die Vorderkante des Polsters, hielt inne und bat sie, ihm den Umschlag zu reichen.

Dann schrieb er korrigierend »deaf?« neben ihr »death?«.

Sie las und lachte gleich stumm auf.

»Mein Gott, das tut mir aber sehr leid«, stammelte Ammann.

»No problem«, schrieb sie auf einen Papierblock und unterstrich ihre Worte mit gewählter Gestik und einer Mimik, die ihr gut zu Gesicht stand.

»Holidays?«, fragte er.

»No, working«, schrieb sie und schüttelte den Kopf, nachdem sie das Wort von seinen Lippen gelesen hatte.

»Meiringen?«

»No, Interlaken.«

»Ah.«

Sie wollte eben den Block beiseitelegen und wieder nach dem Buch greifen.

»British?«, fragte er.

Sie hob ihre makellosen Hände mit ebenso makellos gepflegten und rot gestrichenen Nägeln an, schwenkte sie sanft und schrieb »Tchec, Nela.«

»Nela?«

»Yes, my name«, kritzelte sie hin.

»Hans, simply *John* Ammann.« Er sprach sehr langsam und formulierte jedes Wort besonders aus, derweil sie so reglos dasaß, als lausche sie.

»Nice«, schrieb sie, beugte sich vor, zeigte fragend auf die beiden Worte. Vor allem Ammann schien sie zu irritieren.

»Family name«, sagte er.

»Ammann?«, formte sie mit den Lippen, fuhr sich lächelnd durchs Haar und strich sich eine Strähne hinter das Ohr. Dann zeigte sie auf seine Pilotenflügel und breitete einen Flügelschlag imitierend ihre Arme aus.

»Yes, pilots.« Ammann zeigte auf seine Kollegen und sich.

»What are you doing in Interlaken?«

»Fotoshooting.«

»Ah, you are a model?« Endlich nickte die Atemberaubende einmal.

Dann schrieb sie blitzschnell »living in Praha« und lächelte geheimnisvoll.

»Praha very nice city«, so Ammann.

Er beobachtete, wie sich dieser schöne Mund sanft bewegte, wie sich ihre Lippen öffneten, Zahnweiß freigaben, Vokale und Konsonanten sich mischten und schließlich tonlose Wörter aus ihrem Mund kollerten. Ein Mund, so sinnlich und zum Sprechen geschaffen und sich doch so hilflos darum bemühend, als hätte sich ein Film darüber gelegt. Um ihre Mundwinkel bildeten sich jeweils Grübchen, die sich aber gleich wieder ausebneten und einen leicht schmerzlichen Ausdruck hinterließen. Dann streckte sie ihre langen Finger nach der *Hunter*-Checkliste aus und schaute ihn an.

Ammann reichte sie ihr.

Fast andächtig griff sie nach dem schmalen, mit Plastikbindedrücken zusammengehaltenen, hochformatigen Blätterbund, musterte die weißen und orangefarbenen Seiten.

Nachdem er die Zahnstangen verlassen hatte, näherte sich der Zug rasant den ersten Häusern von Meiringen.

Die Kameraden gegenüber erhoben sich.

Ammann erklärte hektisch, dass die weißen Seiten für die normale und die orangefarbenen für die abnormale Operation seien, steckte das Merkblatt ein und schlüpfte unter Nelas interessierten Blicken in seinen Mantel.

Sie wollte unbedingt noch den Dolch und die weiße Quaste am rot-weißen Schlagband berühren.

Als aber Ammann das Messer ein Stück aus der Scheide zog, wich sie zunächst erschrocken zurück, erhob sich dann aber doch, um ihm im Rücken seiner Kollegen ihre Wange zum Abschied zu bieten. Sie schauten sich in die Augen, bis sie sich überraschend drehte, den seitlichen Reißverschluss ihrer Tasche aufzog, darin nestelte und einen kleinen münzenähnlichen Anhänger hervorzog, ihn Ammann in die Hand legte und sie mit ihren beiden Händen schloss.

»Christophorus«, las er von ihren Lippen. Der Zug bremste bereits ab. *John* betrachtete das Medaillon mit Erstaunen und steckte es in die Tasche.

Nelas Augen ruhten für einen Augenblick auf seiner stolzen Gestalt, und Traurigkeit überschattete ihr Gesicht.

Kaum hatte er sie gerührt an sich gedrückt, klopften draußen die Kollegen ans Fenster und drängten zur Eile.

Auf dem Bahnsteig drehte sich Oberleutnant Ammann ein letztes Mal um und sah, wie eine Frauenhand ein Herz in die beschlagene Scheibe zeichnete und es dann gleich wieder wegwischte. Er winkte zum Abschied.

Sie hatte noch so das Mädchen im Gesicht.

Und so leise und so sanft fiel der Schnee.

Auch Meiringen hatte Väterchen Frost voll im Griff. Vor dem Bahnhof warteten bereits zwei olivgraue Militär-VW-Busse. Wie auf Eiern fuhren sie die teure Fracht

Richtung Hauptstraße und bogen nach wenigen Hundert Metern halb links ab, um auf der Liechtenenstraße in geführigem Schnee der Talmitte zuzustreben, wo sich der Himmel völlig an den Boden gehängt hatte. Nach einem knappen Kilometer wurden sie von Rotlichtern gestoppt und gleich brauste, eine Schneefahne hinter sich herschleppend, ein Zug vorbei. Ammann schaute ihm gedankenverloren nach.

»Der fährt nach Interlaken, *John*!«, weckte ihn *Chris* auf. Rascher als im Mädchenpensionat hatte sich das Geturtel verbreitet.

»*Chris,* du riechst extrem nach Rauch, es stinkt schlimmer als im *Rössli* drüben«, knurrte *John*, »und ich hoffe doch sehr, dass ihr die beiden Leutnants nicht zu sehr ausgenommen habt.«

»Ma che, *John*! Wir haben noch nicht um Geld gespielt; noch nicht«, grinste *Chris*, ließ aber nicht locker.

»Dieses Betthäschen hättest du sicher nicht von der Bettkante gestoßen, nicht wahr, *John*?«

»Woher willst du das wissen? Im Unterschied zu dir war sie keine schwatzhafte Elster. Genügt das?«

»Trotz *mutus* und *sordo* habe es nur so geknistert vor erotischer Spannung, bestätigen deine Kameraden von nebenan.«

»Was verstehst du von erotischer Spannung.«

»Komm jetzt, alter Frauenbeglücker, nicht ausweichen. Die hat dir ziemlich Pfeffer aufs Herz gestreut, nicht wahr?«

»Nun hör doch endlich auf«, bellte Ammann, ohne seinen Blick vom Fenster zu nehmen.

»Bist du sicher, dass sie dir das nicht nur vorgespielt hat?«, stieß ihn *Geri* in die Seite.

»Vielleicht verstellt sie sich und ist eine Spionin?«, fuchste *Chris* nach.

»Igitt, die trägt ihr Herz nicht auf der Zunge«, murmelte Ammann.

»Herz? Haha, nein, mir gibt's etwas«, lachte *Rap*, »nein, das trägt die tatsächlich nicht auf der Zunge.«

»Jetzt hört doch endlich auf, seht ihr denn nicht, wie er schon blutet«, gab *Chris* noch eins drauf.

»Die Sterne begehrt man nicht, man freut sich ihrer Pracht. Und euch bescheuerten Affen sollte man Zucker geben«, knurrte Ammann. »Jeder Tag hat seine Plage und ihr seid eine.«

»Heheee!«, riefen sie überraschend im Chor, als sich der Bus beim Abbremsen auf der Aarebrücke kurz schräg stellte. Nachdem sich der Fahrer entschuldigt hatte und auf die ordentlich gepfadete Kantonsstraße eingeschwenkt war, wandte sich Ammann in Gedanken versunken ab. Was hatte der Schöpfer sich dabei gedacht? Was hatte er mit dieser anmutigen Frau für eine Posse getrieben? Und doch, könnte sie nicht tatsächlich auf ihn angesetzt worden sein? Wäre *Paco* dazu imstande? Blödsinn!

Sie fuhren nun auf einem Damm, der den Fluss seit Mitte des 19. Jahrhunderts im engen Korsett hielt. Damals hatte man dem Sumpf das Wasser entzogen und das gewonnene Land an Private verkauft. Berg- wurde zu Landwirtschaft. Auf der Südseite verbarg sich die markante Felswand ebenso hinter einem Gemenge von Nebel und Schnee wie die sie beknienden Bauernflecken und das Barackendörfchen im »Affenwald«.

Bescheuerten Affen Zucker geben? Wie konnte man einen Waldstreifen einst so benamsen? Flurnamenforscher hatten herausgefunden, dass die Einheimischen der Idee, diesen Wald als Windbrecher aufzuforsten, nichts abgewinnen konnten. Das sei ein dümmliches Affenwerk, fanden sie. Schimpfnamen haben ein besonders langes Leben.

Bald tauchte der nach Unterbach zeigende Wegweiser auf. Es wurde ruhig im Bus.

Im rechten Winkel drehte der Fahrer nach links ab, ein vergessenes Licht in einer Hofstatt, die in die Ebene geteerte Piste, knapp zu erahnen, ebenso der parallel verlaufende Rollweg. Die Konturen des alten Hangars, der Mast und das hängende Ende des Windsackes, das Schulhaus, das *Rössli*, zwei, drei Häuser oder Scheunen, vielleicht. Hier wurde aus keinem Kirchturm die Nachtruhe in Scherben geschlagen. Obwohl lieblich in die Landschaft gebettet, konnte Unterbach mit solcher Herrlichkeit nicht aufwarten. Seine Seele war der Militärflugplatz. Doch heute empfanden die Einrückenden Unterbach als ein gottverdammtes, aus der Zeit gefallenes und an den Hang gequetschtes Kaff. Alles war weiß in weiß, eisig, klamm und amorph, nicht existent, so inexistent wie die großen geheimen Anlagen im Berg. Nur eines war sicher, dort drüben wollten mehr als ein Dutzend *Dinos*, sprich *Hawker-Hunter*-Kampfflugzeuge, partout nicht dem Wetter ausgesetzt werden. Sie dösten friedlich drinnen in der Wärme, in der Geborgenheit der Wildhorndecke. Wie viele Millionen Jahre diese mesozoisch helvetischen Sedimente zählten und wie sie gestapelt waren, war denen schnurzegal, nur atombombensicher musste das Gefels sein.

Längst war Meiringen für die Piloten zum Heimspiel geworden. Ihr Privatleben hatte sich bereits in einen anderen Hirnlappen verabschiedet. Nach einer Spitzkehre hielten sie vor einem hellgrau gestrichenen, weder nummerierten noch angeschriebenen Barackenkomplex.

Die Kaserne.

Kein Zaun, kein Tor, keine Schildwache, einfach nichts. Kein Gebrüll, kein Geheul, kein Donnern von Düsentriebwerken, kein Muhen, keine Kuhglocken. Sogar der Oltschibach, der üblicherweise Axalpwasser über die hohe Klippe stürzte, war zu Eis erstarrt.

Über dem Flugplatz lag ein Schleier der Stille.

Ein Tal des Schweigens, der Totenstille.

Wie damals, als *Sky* in die Felswand schoss.

Welcome im Mikrokosmos Meiringen, flach atmend.

Die Mannen verließen die feuchte Wärme der Busse.

»Ich habe doch gleich gesagt, die sei eine Polen-Olga«, wischte Freund Kull Ammann eins aus, als er dem hinteren Fahrzeug entstieg.

Und so leise und so sanft fiel der Schnee.

3

Der Zeitpunkt des Eintrittsrapportes richtete sich jeweils nach der Ankunft der Züge. Kaffee und Small Talk waren nicht eingerechnet und ab sofort löste eine die ganze Woche dauernde Betriebsamkeit die gemütliche Bahnfahrt ab. Vorstellungen im Kopf begannen, über Bauchgefühle zu regieren. Zeit war Geld, nur viel knapper. Alle Aktionen und Handgriffe saßen. Meiringen war für diese Staffel Geburts-, Heimat- und Vaterland zugleich.

Nur sterben wollte hier niemand.

Als hätte man sich erst gestern gesehen, wurden Oberleutnant Felix Studach, *Studi* genannt, und Oberleutnant Heinrich *Henry* Trüfelbach, die beiden von Interlaken her angereisten Kameraden, mit ersten Sprüchen begrüßt.

Und doch war nichts mehr wie letztes Mal.

Die Offiziere balancierten auf den glatten Schuhsohlen über den eben gepfadeten, aber bereits wieder frisch gepuderten Vorplatz Richtung Unterkunft und stiegen über eine Kolonne schwarzer Koffer. Die sturzsicher gebauten, vernieteten und mit Metallecken verstärkten Kisten hatten den SBB-Transport einmal mehr unversehrt überstanden und waren ausnahmslos und zuverlässig, wie gewohnt, eingetroffen. Zimmerbezug hieß nichts anderes, als sich eilends mit Lieblingsbettnachbarn in die vier Schläge aufzuteilen, abzulegen, die bleischweren Kästen herbeizuschleppen, Handbücher und Kartentaschen auf das Bett zu werfen, die frische Wäsche, die Salami und die Büchsensardinen noch drin zu lassen und dann den mobilen zweckmäßigen Schrank unter das Bett zu schieben.

Der einzige Luxus waren weiße, zwischen Messingstäbchen gespannte Gardinen, welche die Einfachverglasung kaschierten. Ansonsten nichts, weder ein Berg noch ein Flugzeug, geschweige denn ein Pin-up-Girl. Ob Strom oder Wasser, alle Leitungen waren auf Putz montiert.

Es rieche penetrant nach frischer Farbe, fanden *Astor* und *Fox*, die noch unschlüssig im Gang draußen stehen blieben. Eine erdrückende Trostlosigkeit, fanden sie. Doch, das mussten sie gleich zugeben, die Schlafzimmer waren blitzsauber, keine Flusen am Boden, keine Kakerlaken, nichts. Und im Sommer sei sogar das Kuhgeläute inbegriffen, flachste *Geri*.

»Reinspaziert, meine Herren Leutnants!«, bat *John* sie zu *Geri* und sich ins Zimmer.

Nur Minuten später strebten die zehn mit Handbüchern und Kartentaschen unter dem Arm dem Theoriesaal Süd zu, der, standardgeweißelt, in der Mitte des eingeschossigen hellgrauen Plattenbaus lag. Beidseits drei Sprossenfenster, zwei grüne Wandtafeln, Dreiertische, grünes, mit Holz eingefasstes Blatt, verzinktes Metallgestell, verzinkte Metallschublade, Standard-Armeemodell, zweckmäßig, schnörkellos, eben.

Wieder kein einziges Bild an der Wand. Stattdessen links vom Eingang ein großes raumhohes Gestell mit quadratischen Fächern, in denen Helme, Sauerstoffmasken oder sonstiger Plunder verstaut werden konnten.

Das waren die Arbeitsplätze für Piloten außerhalb des Cockpits. An diesen Tischen lebten sie das militärische Leben. Auch hier suchten Intimfreunde die Nähe und verbarrikadierten sich hinter ihrer kleinen Bibliothek und zwei liegenden Quadern, die einen vollständigen Satz Fünfziger- und Hunderttausender-Karten der Schweiz enthielten.

Auf dem Tisch des Kommandanten, Blickrichtung Staffel, stand auf zwei großen kräftigen Beinen ein olivgrauer *Dinosaurier*, die kleinen Vorderbeine wie Hände ausstreckend. Den mit vielen Zähnen bestückten Rachen hatte er kampfbereit geöffnet. Einstmals zwölf Meter lang und zwei Tonnen schwer, war der *Allosauros* trotzdem ein äußerst beweglicher Kämpfer.

Es blieben nur noch wenige Minuten, um im nächsten Raum den Haufen grauer Taschen und Helmschachteln zu sortieren und die Fliegerausrüstung in den persönlichen Kasten zu hängen.

Obwohl im Team der Fliegerstaffel nicht gebrüllt wurde und man sich seit Langem kannte, herrschten eine konzentrierte Erwartung und eine unaufdringliche, pragmatische Disziplin. Eine Disziplin, die darauf basierte, dass der Einzelne – seit er kurze Hosen und Turnschuhe trug – unbedingt fliegen und dadurch logischerweise Teil dieses Verbandes sein und folglich sein Tun diesem Ziel unterordnen wollte. Jeder Militärpilot wurde auch nach Selektion und Fliegerschule laufend qualifiziert. Jeder Schuss, jede abgefeuerte Rakete, jede ausgeklinkte Bombe fand ihren Eintrag auf dem Trefferblatt. Aber auch andere Flugleistungen oder das Verhalten wurden protokolliert und dem Jägerburschen jährlich in Kurzform auf einem Papierstreifen in die Hand gedrückt. Selbst wenn es ein Heimspiel war, empfand man sich als Teil einer elitären

Mannschaft, die gewinnen wollte. Unterschwellig spürte man bei allen eine leichte Anspannung, welche man als eine Art Lampenfieber bezeichnen könnte. Doch Piloten waren es gewohnt, sich zu kontrollieren, scharf zu beobachten, rasch aufzufassen, zu analysieren und nicht zuletzt Äußeres nach innen zu verlegen. Die Fliegerei war zu ihrer Lebensform geworden, zur einzigen, welche sie wirklich kannten, getragen von einer nie verblassenden Leidenschaft für die Aviatik.

Kieser erhob sich, trat herrschgewohnt vor die Wandtafel und blickte stumm in die Runde.

Augenblicklich wurde es ruhig. Die Piloten erhoben sich, nahmen »Achtungsstellung« an, worauf der Hauptmann ebenfalls die Haxen zusammenschlug. Auf sein schneidendes »Danke, meine Herren!« lösten sie sich und nahmen wieder Platz.

Ende des Zeremoniells.

Max Kieser, *Kiema*, trug einen Bürstenschnitt und war ein gradliniger, berechenbarer Mann. Der energische Macher konnte in jedem die Tüchtigkeit entfachen, die er von Natur aus in sich trug, und gab der Staffel das Gefühl, dass alles möglich und sie unschlagbar sei. Eben hatte der Militärdienst, der permanente Ausnahmezustand, das Wirken und Funktionieren in einer vom übrigen Leben abgekoppelten Parallelwelt offiziell begonnen.

In einer Welt, in der man nur noch bedingt sein Eigentum war.

In einer Welt, in die man sie von oben eingeteilt hatte und deren Hackordnung nichts für Zartbesaitete war.

In einer Welt, die sie dennoch liebten, obwohl sie pausenlos unter Strom standen.

In einer Welt, in der es außer in der WC-Kabine keinerlei Intimität gab und in der alles, aber auch alles, bis zur Stoffaufnahme und -entsorgung, getaktet und kontrolliert war.

In einer Welt, in der jedem klar war, dass es wenig verhandelbare Regeln brauchte, um sich in der Komplexität der Aviatik zurechtzufinden.

In einer Welt, in der Ein- und Unterordnung, Gehorsam, Vernunft und Disziplin ebenso nebeneinander lebten wie Spontaneität, prioritätsgerechtes Arbeiten, reifes Konfliktverhalten und Sozialkompetenz.

In einem Beruf, in dem man Entscheide und Verantwortung buchstäblich mit Leib und Seele trug. Weder durfte der Pilot zu verletzlich, zu schüchtern, zu egoistisch, zu draufgängerisch noch ein übertriebener Selbstdarsteller sein. Man trug Unzufriedenheit nicht gleich zur Schau und veranstaltete keine nächtlichen Seelengänge.

Theoretisch, ja.

Keiner der Piloten sah sich per se gezwungen, eine ungeliebte Rolle, die ihm das Leben zugewiesen hatte, annehmen zu müssen. Und jeder konnte sehr wohl zwischen Wirklichkeit und Einbildung unterscheiden. So waren sie sich in vielerlei Belangen beinahe langweilig ähnlich, waren gut durchschnittlich veranlagte, wenig auseinanderklaffende Typen, hatten keine auffälligen Affinitäten oder Allüren, trugen weder Hosenträger, Sandalen, Tonsur noch die Bibel in der Kapuze.

Zumindest diesbezüglich waren sie Schwiegermutterträume.

Der Auffälligste war wohl Oberleutnant Kull Egon, der Einzige, den man einfach *Kull* nannte, der weder einen Pfadfindernamen noch sonst ein Kürzel trug.

Kull war *Kull*.

Kull, 35, war ein begnadeter Pilot, der sich jedoch zusehends erlaubte, scharfzüngig am Rande zu operieren und der deshalb polarisierte. Mal konnte er einen bis an die Schmerzgrenze reizen und mal lachte bei ihm der Schalk aus jeder Ritze. Wie war es möglich gewesen, dass *Kull* Rorschachs Klecksografie und das feinmaschige Sieb der Selektion passieren konnte? »Vitamin B« funktionierte in der Flugwaffe längst nicht mehr. Seine Anwesenheit in einer Fliegerstaffel verdankte er primär seinem hohen Intelligenzquotienten und seiner fliegerischen Kompetenz.

Ja, fliegen und treffen konnte *Kull* wie ein Herrgott. Und das war hauptsächlich gefragt, aber dann hatte es sich.

An einem der hintersten Tische nahm – Hauptmann Kieser war eben mit metallener Stimme schnörkellos zur Sache übergegangen – unauffällig der Schießleiter Platz.

»Gerade heute stehen wir noch«, sprach *Kiema*, »besonders unter dem Eindruck des Unfalles unseres Kameraden Oberleutnant Boris Loher. *Sky* fehlt uns sehr. Leider kann ich euch noch keine weiteren Einzelheiten bezüglich der Unfallursache bekannt geben. Aller Wahrscheinlichkeit nach liegt sie im medizinischen Bereich. Ausgerechnet bei ihm. Ich muss euch nicht erklären, dass das für Rechtsmediziner einen beinahe unlösbaren Fall darstellt. Wir denken an ihn. Bitte erhebt euch!«

Dann hieß er die beiden Neuen in der *Dino*-Staffel herzlich willkommen. Oberleutnant Ammann würde sich ihrer besonders annehmen und unter ihnen die Chargen »Dinohüter« und »Wetterfrosch« aufteilen.

»Hauptthemen diese Woche sind, wie im Anhang zum Marschbefehl aufgeführt, Schießen Axalp und Luftkampf.

Das Briefing der Spezialisten wird gleich folgen. Es steht fest, dass heute und auch morgen nicht geflogen werden kann. Die Direktion der Militärflugplätze (DMP) Meiringen ist jedoch durchaus in der Lage, sobald der Schneefall aufhört, Piste und Rollwege beinahe über Nacht von Schnee und Eis zu befreien.«

Weiter ging es ohne abgenutzte große Worte.

»Grundzielsetzung: Sicherheit hat immer Priorität. Wir tun alles, um kritische Situationen zu vermeiden. Keine Landung mit weniger Petrol als Reststand. Die gelben Lampen leuchten bekanntlich bei total 700 Litern auf.«

Dann drehte er die eine Wandtafel und gab die personelle Zusammensetzung der Verbände sowie die Decknamen bekannt: »Staffel 22: *Dino*, Ausweich *Efato*. Schießleiter Axalp: *Claudia*, Einsatzzentrale: *Rama*. Die Flugbücher sind täglich nachzuführen und die Essenszeiten 12.00 Uhr und 19.00 Uhr strikt einzuhalten, wobei es heute noch eine kleine Änderung geben könnte«, fügte er mit hochgezogenen Mundwinkeln bei.

Wenn dies auch nicht gerade wie eine Bombe einschlug, guckte aber doch der eine oder andere mit fragender Miene in Nachbars Gesicht.

Danach übergab er das Wort an Schießleiter Adjutant Jakob Rickenbacher. Der kleine Mann mit angedeutetem Bäuchlein und kantigem, von der vielen Sonne dunkel gebranntem Gesicht begab sich wiegenden Schrittes nach vorn, mahlte kurz mit dem Kiefer und drehte die *Calobar*, die typische mit Trompetengold gefasste Pilotenbrille, in den Händen.

»Schönen guten Wintermorgen, meine Herren!«, begann er launig. »Sie sind ja, zumindest die meisten unter Ihnen, alte Axalphasen, und dennoch erlaube ich mir, Sie nochmals an das große Relief im Staffelrapportraum gegenüber zu bitten.«

Rickenbacher war in der Flugwaffe, obwohl einer der wenigen Unteroffizierspiloten, in Sachen Fliegerschießen die Kapazität und hatte dank seiner Funktion selbst mit hohen Offizieren keinerlei Berührungsängste. Wer schlecht oder gar auf das falsche Ziel geschossen oder die Minimalhöhe unterschritten hatte, wähnte sich, kaum hatte er das Ziel überflogen – wohlverstanden ungeachtet des Grades – vor dem Jüngsten Gericht. Des glatzköpfigen Schießleiters ansonsten schon giftige Mischung zwischen Sankt Galler und Appenzeller Dialekt, überschlug sich augenblicklich und steigerte sich am Funk zum Kreissägenstentor, um die happige Rüge zu übermitteln.

Hier vor dem Modell »seines« Schießplatzes verharrte Rickenbacher für einen Augenblick in sich gekehrt und betrachtete das Kunstwerk mit Andacht und Demut. Inzwischen versammelte sich die Staffel um ihn und hing gespannt an seinen Lippen. In seinem Gesicht konnte man Jahre abzählen, die man im eigenen noch gar nicht gefunden hatte, und in seinem Kopf schien alles so unverrückbar wie das weiße Kreuz auf dem roten Grund. Die meisten hatten ihn schon als Fliegerschüler erlebt, als ihnen im *Vampire-Doppelsitzer* das erste Mal das gelbe Ziel um die Ohren flog. Und an seine Kommentare, wenn sie danach mit scharfer Munition bei Nottwil in den Sempachersee schossen und Fontänen aus dem glatten Wasser aufspritzten, blieben unvergessen.

»Eine meisterhafte Arbeit ...«, schreckte Rickenbacher die Zuhörer auf. »... qualifizieren Experten der Landestopografie – diese Arbeit«, fuhr er nachdenklich in fast raunendem Ton fort und strich mit dem rechten Mittelfinger liebevoll über das Federlein, welches er, um das kostbare Relief zu schonen, eigenhändig an das Ende seines Zeigestockes geklebt hatte.

»Albert Walthard ist es gelungen, ich gestatte mir heute, in Anbetracht des Nichtflugwetters etwas auszuholen, unseren weltbekannten Fliegerschießplatz Axalp detailgenau im Maßstab 1:5000 nachzuempfinden. In jahrelanger Arbeit hat er die Landschaft in Hartgips gegossen. Schauen Sie hin, was für eine topografische Präzision! Wie naturgetreu sind Farben und Einzelheiten des Geländes, die Struktur des Gebirges, die Felspartien, Geröllhalden, der Bewuchs und die baulichen Objekte übertragen worden! All das auf der Basis zahlloser Farbfotos und Besichtigungen. Ich bin ihm noch persönlich begegnet. Leider ist er erst kürzlich verstorben.«

Rickenbacher machte eine bei ihm ungewohnte Unterbrechung.

»Wissen Sie übrigens, meine Herren, wer unsere ersten ausländischen Gäste auf der Axalp waren?«, schreckte er die Zuhörer erneut auf. Der Unteroffizier schien es zu genießen, wenn ihm Offiziere stehend zuhören mussten.

»Monty und Tedder«, murmelte einer der Piloten und zog anerkennende Blicke auf sich.

»Richtig, Oberleutnant Gut. Am 17./18. Februar 1950 besuchten der englische Feldmarschall Montgomery, Sieger von El-Alamain, und sein Kollege, Luftmarschall Lord Tedder, oberster Befehlshaber der alliierten Luftstreitkräfte bei der Invasion der alliierten Truppen in der Normandie, unser Fliegerschießen auf der Axalp. Beide

Generäle hatten Kenntnis von der ›Spezialausbildung‹ der Schweizer Flugwaffe im Gebirgskampf und der Landung mit *Fieseler-Storch* im Hochgebirge auf Schnee und Eis. Ihrem Wunsch, diese Einsatzmöglichkeiten kennenzulernen, wurde vom Bundesrat mit einer Einladung zur Besichtigung des Fliegerschießens auf der Axalp entsprochen. Man holte sie an ihrem Winterferienort Gstaad respektive St. Moritz ab und flog sie zum Kommandoposten Ebenfluh hoch. Exakt hier …«, Rickenbacher zeigte mit dem Federlein auf die Felsterrasse neben den hohen, steil aufsteigenden Bergflanken, »… exakt hier, zwischen den aus dem Schnee schwarz hervorstehenden Steinblöcken landeten Hitz und Hug mit diesen hohen Tieren auf 2300 Meter über Meer im Tiefschnee und starteten wieder erfolgreich. Auch dies eine Meisterleistung!«

»Die Besichtigung«, fuhr er fort, »fand im Rahmen der normalen Ausbildung einer im Schießtrainingskurs stehenden Fliegerstaffel statt. Wir zeigten, Sie merken, auch ich war mit dabei, ein kurzes formelles Schießen und anschließend eine angewandte taktische Übung. Die an Panzerschlachten und Luftwaffeneinsätze im offenen Gelände gewohnten Feldherren waren von der Ausbildung wie auch von den Einsatzmöglichkeiten der Flieger im Gebirge ebenso wie von den fliegerischen Leistungen der Flugzeugbesatzungen außerordentlich beeindruckt. Der überraschende Angriff aus der Deckung, das präzise Schießen und ebenso rasche Abtauchen in die Geländekulisse sowie die Koordination der Angriffe ohne gegenseitige Sicht aus verschiedenen Richtungen auf unterschiedliche Ziele veranlassten Lord Tedder, selbst ein erfahrener Flieger aus zwei Weltkriegen, seine Beurteilung spontan mit den Worten auszudrücken: ›Gegen die Schweizer ist bei Gott nicht gut Krieg zu führen!‹ Das darauf im KP mit allen obligaten Zutaten offerierte Walliser Holzkohlenraclette sorgte für die Lockerung der Expertengespräche mit den hohen Tieren.«

Rickenbacher holte kurz Luft, ließ die Ausdrucksfülle sich verflüchtigen, und die Herren Offiziere traten beeindruckt von einem Bein auf das andere.

»Nun, was hat das mit uns zu tun, werden Sie sich fragen?« Ein Augurenlächeln flog auf Rickenbachers Lippen und die Herren räusperten sich.

»In gewissem Sinne hat es schon etwas mit Ihnen zu tun. Erstens wollen wir unseren guten Ruf, in den Bergen unschlagbar zu sein, weiter pflegen, aber auch sonst soll Ihnen die Axalp oder Ebenfluh, wie der eine Teil der Alp auch heißt, unauslöschlich in Erinnerung bleiben.«

Diese erneute Anspielung, die er noch ganz bewusst unter dem Gipfel ihrer Bedeutung hielt, kam den Staffelpiloten nun doch wie ein fauler Witz vor.

Rickenbacher legte sein Stecklein beiseite, nahm die Kurve elegant, indem er damit begann, die Angriffsmöglichkeiten – und das waren beileibe mehr als ein halbes Dutzend –, mit beiden Händen auszufliegen. Später griff er wieder nach dem Stecklein und hielt es im gängigen 20°-Winkel auf die verschiedenen Ziele hin, die er höchstens mit den vordersten Härchen des Federchens touchierte, erwähnte *Tschingel* und *Grätli*, auf welchem die drei Hauptziele lagen, betonte, dass er die Kanonenziele selbst bei diesem Schnee extra für die Staffel ausbuddeln lasse, betonte, dass das hundert Meter weiter rechts liegende, mit den vier im Uhrzeigersinn abstehenden Strichen das Bombenziel sei, betonte, dass ihm ja keiner in den Bunker, den ja schließlich jeder kenne, knallen solle, der automatische Schusszähler dort sei außer Betrieb und man habe dort im Winter Material eingelagert, und apropos Material, es solle ihm ›Gopfertami‹ keiner auf die graue, weitere hundert Meter weiter links liegende Materialbaracke schießen, diese sei im Unterschied zum Bunker nicht leuchtend orange, sondern grau bemalt, und wer diese zerlege, könne sie auf eigene Kosten wieder aufstellen, und dann tauchte er wortgewaltig ins *Oltschibachtäli* ab, um dann im *Urserli*, diesem ›Gopfertamiii‹ engen Schlitz hinter dem *Axalphorn* zu verschwinden und beim Abtauchen auf das blauschwarze *Hinterburgseeli* zerbrach er doch noch beinahe sein Stecklein, zog es dann fluchend wieder hoch, um wieder um diese und jene Felsnase zu biegen und durch diese und jene Schrunde zu schlüpfen.

»Die Raketen pfeffern wir von Norden, vom Tannhorn her horizontal anfliegend, auf die Wand. Apropos Schussdistanz von tausend Metern, wo ist die geografisch …?«, er schaute in die Runde.

»… richtig, Oberleutnant Kull, kurz vor dem Grat neben dem *Axalphorn*.« Der Rest räusperte sich abfällig über diese allen längst geläufige Antwort. »Und die zwölfhundert Meter Feuereröffnung, wenn wir nach der Umkehrkurve, von Süden her kommend, auf das auf dem oben erwähnten Grat liegende Ziel neben dem *Axalphorn* schießen, ist rund achthundert Meter nach dem Passieren der *Gerstenlücke*«, redete sich Rickenbacher wieder ins Feuer. »Wir beginnen mit zwei Zielanflügen ohne Munition, anschließend wird scharf geschossen. Und nochmals, es soll mir ja keiner in den Bunker knallen. Wenn das klappt, greifen wir später zu viert aus dem Fächer an und Ende der Woche fliegen wir die taktische Übung *6a-f.* Noch Fragen?«

Schweigen. Alles war allen klar.

»Ich repetiere die Minimalhöhen über den Zielen: hundert Meter, nochmals – huundertt Meter!!! Zwanzig Meter über Kreten und kein Jota weniger. Der *Hunter* ist ein guter Luftbohrer, aber dann hat es sich. Selbst wenn die Axalp noch nicht völlig mit toten Piloten gedüngt ist und es auf der Gedenktafel noch freie Linien hat …, ohne mich, meine Herren, mein Bedarf ist mehr als gedeckt. Na dann, viel Vergnügen!«

Nach dieser geradezu atmosphärischen Schilderung schlenkerte Rickenbacher wieder seine *Calobar* am Bügel herum, hielt dann auf einmal inne und zog die Brauen so zusammen, dass sich eine vertikale Falte bildete. Dann entspannte sich seine Miene wieder, worauf er sich mit einem Augenzwinkern vom Staffelkommandanten verabschiedete und in den Winter hinaushastete.

»In zehn Minuten wieder im Theoriesaal drüben«, befahl Kieser, »Thema Luftkampf mit *John* Ammann.«

Nicht einmal die Raucher hatten Lust, sich bei dieser Schafskälte draußen ein Zigarettchen zu genehmigen. Sogar auf dem Podest war es ihnen zu kalt. Sie zündeten sich drinnen eine an und nahmen die ablehnenden Blicke der nicht rauchenden Kameraden in Kauf.

Ammann, der dieses Briefing bereits früher einmal gründlich vorbereitet hatte, legte vorne seine Papiere und Prokifolien aus.

»Jeder von uns kennt Verhalten, Leistungen und Einsatzdomäne unseres *Hunters* à fond«, begann er. »Darauf bauen wir auf. Bezüglich Vorübungen erfüllen wir gemäß Buch alle Voraussetzungen, um uns aus den Tiefen des Erd- in die hehren Sphären des Mann-gegen-Mann-Kampfes hochzuschwingen.«,

Ammann sah in die Runde der interessiert nickenden Köpfe.

Nur *Kull* schaute nicht auf und zeichnete mit abwesender Miene Strichmännchen.

Ammann, Überflieger und ungekröntes Staffelalphatier, wusste, dass der Miesepeter nur darauf wartete, dass er einen Fehler machte.

»Wir sind keine Militärberufspiloten mehr und müssen als Milizler demzufolge Prioritäten setzen. Deshalb trainieren wir vornehmlich den Verteidigungsluftkampf, wobei immer einer den bösen Angreifer spielen muss. Dabei bekämpfen wir uns nicht gegenseitig bis aufs Blut. Wie *Kiema* sagte: Sicherheit hat nach wie vor oberste Priorität. Der Abschuss ist erfolgreich, wenn minimal eine Sekunde innerhalb fünfhundert Metern und bei maximal vier *g* Beschleunigung sauber gezielt wurde. Nach jeder Kampfphase werden *g*-Messer und Petrolreststand kontrolliert.«

John Ammann projizierte die Flugwege der beiden defensiven Manöver *Yo-Yo* und *Sisor* auf die Leinwand und erklärte nochmals im Detail, wie man dank dieser Taktiken einen mit großer Übergeschwindigkeit auf das Opfer herunterstechenden Angreifer abschütteln und zum Überschießen zwingen könne. »Und in einer späteren Phase wehren wir dann Angreifer auf unseren Vierer- und sogar Achter-Verband ab. ›Also sprach Zarathustra‹«, zitierte er abschließend Nitzsche. »Wenn diese Übungen sitzen, gehen wir gegen Ende der Woche zum Kampf aus der frontalen Begegnung über. Da könnt ihr dann das Gelernte bereits in voller Dynamik anwenden.«

»Dem werden wir den Zarathustra schon noch zeigen«, tuschelte Kritikaster *Kull* seinem Nachbarn hämisch grinsend ins Ohr.

John übergab mit einer Handbewegung wieder an *Kiema*.

»Um 11.00 Uhr sehen wir uns hier wieder im Tenü ›Overall‹«, entließ dieser die Staffel in eine ausgedehnte Kaffeepause.

In der Kantine drüben herrschte eine aufgeräumte Stimmung. *Kull* legte schon ein Bündchen Karten vor sich auf den Tisch, fand jedoch noch keinen Mitspieler.

Man müsse beizeiten beginnen, wenn man wieder etwas beiseitelegen wolle, pflaumte er. Mittlerweile war jedem bekannt, dass er aus dem Spielgeld des letzten Dienstes ein luxuriöses Kofferradio gekauft und seiner Freundin einen teuren *Cashmere*-Schal geschenkt hatte.

Nur die beiden Jüngsten tuschelten einander zu, dass hier irgendetwas nicht stimmen könne. Affenkälte, Nichtflugwetter und Sommercombinaison?

»Ein Witz«, flüsterten sie sich zu.

Auch *Kull* fand, dass das nach Bullshit rieche.

»Schneeloch, ich sage es dir«, zischelte *Astor* zu *Fox*.

»Noch diese Nacht? Du spinnst wohl!«, so *Fox*.

Immerhin kursierte bereits das Gerücht, dass es im *Rössli* drüben eine neue, äußerst attraktive Serviertochter gebe. Ein *Schwarzwaldmädel*. So war es.

Es löste einiges Erstaunen aus, als Kieser in Begleitung eines Gefreiten vor das in den Tenüs »Overall« steckende Pilotenkorps trat.

»Meine Herren, darf ich euch den Gefreiten Fetsch Albert vorstellen. Fetsch ist im Zivilleben Skilehrer und lizenzierter Bergführer.«

Nun läuteten auch beim Letzten die Glocken.

»Ui, ui, ui … «, munkelte *Kull* und unter dem Lack der Fliegerstaffel begann es zu rumoren. Im Nu bot sie ein Bild für die Götter.

»Meine Herren, Albert Fetsch ist diese Woche unter anderem für unseren guten Schlaf verantwortlich, heute sogar hauptsächlich. Er wird uns nämlich dabei unterstützen, unser Bett auf der Axalp einzurichten!«

»Ui, ui, ui … du heilige Siech!«, stöhnte *Kull* diesmal unüberhörbar und *Chris* fluchte, dass dieser Mummenschanz verdammt nach Schneeloch rieche.

»Du hast richtig geraten!«, wandte sich *Kiema* an ihn.

»Der Gefreite Fetsch wird die heutige Übung technisch leiten. Dazu ist er bestens qualifiziert. Gefreiter, Sie haben das Wort!«

Mit allem hätten sie gerechnet, doch dass diese vor Zeiten einmal angesagte Übung ausgerechnet heute, bei diesem frostigen Wetter, durchgezogen werden sollte, das hätte man sich nicht einmal im Traum ausgemalt. Nur *Astor* hatte das nicht völlig ausgeschlossen.

»Ich kann Sie beruhigen, meine Herren«, begann Fetsch lammfromm. »Wir begeben uns heute Abend zwar nicht gerade auf einen Opernball, aber so dramatisch, wie es tönt, ist es nun auch wieder nicht. Wir haben auf der Axalp geradezu ideale Bedingungen vorgefunden und …«

»Seid ihr denn von allen guten Geistern verlassen? Bei diesen Verhältnissen? Soll denn eine ganze Fliegerstaffel in einer Lawine verrecken?«, unterbrach ihn *Henry* Trüfelbach, der sonst nie etwas sagte, aufgebracht und ein anderer rüffelte, was denn dieser Höfling in ihrem Zirkel solle.

»Stopp, stopp, *Trüfi*. Wir haben das alles gut überlegt und abgesichert. Lawinen sind an der bereits ausgesuchten Stelle kein Thema. Völlig ausgeschlossen, versicherte der Spezialist des Instituts für Schnee- und Lawinenforschung. Eher hätten wir hier auf dem Flugplatz eine Lawine zu erwarten.«

»Dafür das Wasser des Grimsel-Stausees«, pflaumte *Kull*.

»Wir haben den Standort von Bergführern gründlich untersuchen lassen und ich selber werde unmittelbar anschließend hochfahren und ebenfalls ein Loch graben. Sie werden unter dem lockeren Neuschnee eine stabile und gut gesetzte Schneedecke antreffen, was für eine Schneehöhle wichtig ist«, fuhr Fetsch unbeirrt fort.

»Die Übungsanlage ist ganz simpel: Nach einem technischen Defekt oder einer Kollision haben Sie Ihre Maschine mit dem Schleudersitz verlassen müssen. Glück im Unglück: Sie landen mit Fallschirm und Notpaket am späten Nachmittag auf einem Schneefeld. Dieses ist oben bereits ausgebreitet und die anderen beiden Artikel werden wir Ihnen vor der Abfahrt aushändigen. Das Wetter sowie die bereits fortgeschrittene Tageszeit zwingen Sie, zu biwakieren. Am besten eignen sich dazu Schneewechten, die logischerweise außerhalb eines Lawinenhanges liegen müssen. Ich brauche Ihnen nicht zu beschreiben, dass Sie dazu in Ihrem grauen Flieger overall, trotz Rollkragenpullover und Lederjacke, nicht gerade optimal gekleidet sind. Ob sich Iglu oder Schneehöhle besser eignet, hängt von der Art des Schnees und der Mächtigkeit der Schneedecke ab. Diese sollte mindestens zwei Meter betragen. Fluffiger Pulver- oder Nassschnee ist denkbar ungeeignet für ein Iglu und erfordert größeren Aufwand, um an die tiefer liegenden Schneeschichten zu kommen. In einer Wechte bietet sich das Schneeloch geradezu an. Um sich warm zu halten, beginnen Sie gleich mit den Grabarbeiten, teilen aber ihre Kräfte so ein, dass Sie nicht zu sehr ins Schwitzen geraten.«

Noch während der Gefreite das erste Blatt mit dem Längsschnitt durch eine solche Schneehöhle überschlug, erklärte er, wie man am besten von unterhalb der Wechte ein Mannsloch grabe, das dann nach einem halben Meter nach oben fortgesetzt werden solle. Im eiförmigen Gelass solle eine bequeme Sitzhöhe erreicht werden. In der Mulde neben der Liegestatt werde sich später die kalte Luft sammeln. Je besser diese Vertiefung angelegt sei und je dichter man den Eingang verschließe, desto eher erreiche man selbst bei klirrender Kälte beinahe angenehme Höhlentemperaturen um null Grad Celsius.«

»Das ist schon höherer Blödsinn, ja, du kannst mich mal!«, knurrte einer hinter der hohlen Hand, gerade so laut, dass er einen scharfen Blick beim Captain auslöste, und ein anderer doppelte mit »Bieridee« nach und dass die gewaltig »einen an der Waffel« hätten.

»Im Grundriss sind Sie, soweit dies nicht von der Schneetiefe abhängt, selbstverständlich frei. Ob Sie Ihr Wohnzimmer 90° zum Eingang legen oder geradeaus eine Kathedrale ausbuddeln wollen, müssen Sie entscheiden. Wichtig ist, dass Ihre Schlafstätte möglichst eben auf ein Podest zu liegen kommt, damit, wie bereits gesagt, im sogenannten Kältegraben die kalte Luft und das ausgeatmete

CO_2 abfließen können. Die ganze Nacht durch muss auf Schlafhöhe unbedingt eine Kerze brennen. Geht sie aus, wacht man in der Regel schnell auf und weiß, dass die Belüftung nicht in Ordnung ist und man etwas ändern muss. Dank der wunderbaren Eigenschaften des Schnees kann man sich auch ohne Zelt in ein bis zwei Stunden eine recht angenehme Unterkunft bauen. Schnee isoliert hervorragend, ist stabil und doch gut formbar. Diese Eigenschaften gilt es, sich zunutze zu machen. Nach der Grobarbeit folgt die Verfeinerung: Fächer, um Material verstauen zu können, und Schneenasen an Decke und Wänden entfernen, damit von ihnen kein Kondenswasser abtropfen kann. Vor dem Schlafen verschließen wir noch den Eingang mit großen Brocken, und fertig ist der Unterschlupf. Hat man nach getaner Arbeit das Gefühl, die Kleidung sei nass, einfach einige Minuten gemütlich draußen rumlaufen – und schon ist alles wieder trocken.«

Diese Aussage erntete verhaltenes Grunzen.

»Nun polstern Sie Ihre Bettstatt mit dem Wenigen, das Sie haben, damit Sie sich die durch die Körperwärme verursachte Feuchtigkeit so lange wie möglich vom Leib halten können. Lederjacke, Pullover und Schuhe werden Sie wohl tragen, aber der Anti-g-Anzug ist dazu geeignet, Gesäß und Oberschenkel zu isolieren.«

Fetsch ging auf der Flipchart nochmals seine Liste durch.

»Ah, vergessen wir nicht, unsere Höhle von außen zu markieren. Dazu werden wir Ihnen eine nummerierte Schneestange abgeben. Nach dem Verlassen der Höhle zerstören wir sie wieder, um keine Falle für andere Tourengeher oder Tiere zu hinterlassen.«

»Wie lange müssen wir im Loch ausharren?«, fragte *Kull.*

»Im Ernstfall würde man da sicher situativ vorgehen, aber für diese Übung entscheidet Ihr Kommandant«, gab der Gefreite das Wort an Kieser weiter.

»Nach Rücksprache mit meiner Obrigkeit, denke ich, dass wir um 07.00 Uhr in der Früh die Übung abbrechen werden. Selbstverständlich kann jeder, der es aus irgendwelchen Gründen nicht mehr aushält, in den KP zurückkommen und dort einen Fellmantel fassen. Und ebenso selbstverständlich mache auch ich mit«, versprach Hauptmann Kieser, gab den Zeitplan bekannt und entließ die Staffel in den Mittag.

4

Es schneite etwas weniger heftig, als die Piloten mit zugekniffenen Augen, die Hände in den Taschen, die gut
hundert Meter bis zur Kantine liefen. Nach diesem ausführlichen Briefing hatten sich die Wogen bereits etwas
geglättet und man nahm, zwar nicht gerade in Karnevalsstimmung, die Aufgabe bereits als neue Herausforderung
an.

»Hinterfotzig!«, fluchte *Kull* noch vor sich hin. »Sind
doch verfluchte Armleuchter!«

Das fliegerärztliche Institut sorgte dafür, dass für die
Piloten speziell bekömmliche, nicht blähende Mahlzeiten
zubereitet wurden. Das war wohl der Hauptgrund, weshalb sie im für sie reservierten Fliegerstübchen bedient
wurden. Der Raum verströmte eine wohlige Wärme. Unbemaltes Täfer, eine weiße Pavatex-Decke – ein schweizerisches Weichholzfaserplattenprodukt –, eine Handvoll
Vierertische, oft zusammengeschoben, rot-weiß karierte
Tischtücher, brennende Kerzen. Zu dieser Winterszeit lagen bereits Papierschlangen auf den Tischen und es duftete fein nach Braten.

Die Belegschaft verpflegte sich im nicht bedienten Teil
drüben. Jener Raum der im Chalet-Stil erbauten Kantine
war wesentlich größer. Von der hohen Decke hängende
Milchglasleuchten verbreiteten eine leidlich heimelige Atmosphäre.

Obwohl es bei den Piloten weder eine Tischordnung noch einen besonderen Ritus gab, gesellten sich in der Regel die gleichen am selben Platz. Oft waren es die vier, die in der sogenannten »Doppelpatrouille« miteinander flogen. So homogen, ja beinahe langweilig ausgeglichen sich eine Staffel auf den ersten Blick bot, so unterschiedlich präsentierten sich die Persönlichkeiten bei näherem Hinschauen. Die Körpergrößen schwankten zwischen hundertneunzig und hundertsiebzig Zentimeter, alle waren schlank und gaben sich Mühe, so zu bleiben. *Geri* Gut trug eine Halbglatze, der Haarbestand des Restes war respektabel. Es gab Seilschaften, die ein unsichtbarer Draht verband. Obwohl jeder eine Summe außerordentlicher Qualitäten aufwies und über viel, wie man es nannte, fliegerisches Gefühl und Grundvertrauen verfügte, war klar, wer noch ein Quäntchen besser flog oder schoss als andere, wer fliegerisch ein Topshot war. Gesprochen wurde am Morgen in der Regel eher wenig und nur gedämpft, am Mittag bereits mehr, und die großen Sprüche klopfte man nach dem Flugdienst beim Abendessen, vorwiegend über Flugdienst, Vorlieben und Luftsprünge der Weltgeschichte.

Die Lebensentwürfe hatten die meisten bereits hinter sich. Kleinräumiges Denken fand selten Platz. Die Staffel war ein aus Stahl geschmiedetes Ganzes, aus dem niemand herausfallen wollte. Nichts war einfach so beliebig. Einstellungsmäßig waren sie ausnahmslos vom Kapitalismus geprägt. Sie strebten zwanghaft nach Leistung und Wachstum; nur wer Erfolg aufweisen und das auch noch mit wenig Steuern verbinden konnte, hatte es geschafft. Die helvetische Zivilgesellschaft war ohnehin durchlässig für Aufsteiger, ja sie bewunderte sie. Auch in der Fliegerei herrschte nach dem Zweiten Weltkrieg ein ausgeprägter Machbarkeitswahn, bis es wieder knallte und man zur Demut gerufen wurde.

Sogar die Fortpflanzung verlief bei fast allen nach Plan. Sie waren durchweg nett geratene Männer mit dichtem Urinstrahl, forschem Samenwurf und ausgeprägtem Sicherheitsdenken. Jedenfalls wusste man nichts anderes. Und das Glaubensbekenntnis war in dieser dem fliegerischen Genuss verschriebenen Gesellschaft das Fliegen. Meist zeigte sich die religiöse Einstellung erst an Hochzeiten oder Begräbnissen. Die schweren Seiten des Lebens anzunehmen, waren die meisten noch nicht aufgerufen worden. Es war jedem völlig klar, dass nicht alles im Leben reparabel war, folglich hatten sie großen Respekt vor irreversiblen Aktionen.

Doch heute war es anders. Dieses vermaledeite Schneeloch beschäftigte jeden, verdrängte sogar Lohers Absturz und die Diskussion um das absehbar zur Abstimmung kommende Frauenstimmrecht. Zwei hatten bereits Schneelocherfahrung und berichteten von ihren Erlebnissen auf der Alp Stätz, oberhalb der Lenzerheide. Es sei durchaus machbar, aber gegen Morgen erwache man in einer Tropfsteinhöhle. Wände und Decke seien bis dann glasiert und das Gefühl, lebendig begraben worden zu sein, werde durch den Gestank der eigenen Darmwinde noch verstärkt. Die Nacht verfließe unglaublich träge, berichteten sie, doch so richtig gefroren hätten sie tatsächlich nicht. Diese Grube im anbrechenden Morgen endlich verlassen zu dürfen, sei schon ein unvergessliches Lustgefühl gewesen.

»Henkersmahlzeit«, murmelte *Chris*, als Hackbraten und Kartoffelstock aufgetischt wurden.

»Sieht beinahe aus wie diese verdammte Alp«, murmelte sein Nachbar und baute das Kartoffelstock-Gelände um. Das Hinterburgseeli sei hier etwas groß geraten, beurteilte er die Mulde, welche der Koch mit dem Schöpflöffel eingedrückt und mit brauner, lecker duftender Bratensauce gefüllt hatte.

»Nun, meine Herren, greifen wir nochmals wacker zu!«, alberte der Staffel-Captain. »Das Abendessen wird für heute nicht so lukullisch ausfallen, befürchte ich.«

»Nach dem Kaviar werde ich mir eine Tasse Darjeeling-Tee und ein Hühnersüppchen kochen«, antwortete der Jüngste.

»Und zum Nachtisch machst du dir noch mit der Militärschokolade einen Coupe Danmark«, spaßte *Astor*.

»Nen Gueten!«, wünschte die Serviertochter, eine charmante Haslitalerin, jedes Mal, wenn sie alle vier Teller auf dem Tisch sicher abgestellt hatte.

Früher, zu ihrer Junggesellenzeit, hätten sie sich um ein so apartes Mädchen gebalgt. Heute, es war ja erst Montag, wurde sie nur eines dünnen Blickes gewürdigt.

Kaum war das Essen verschlungen, brachen die Ersten auf, um sich auf das Bett zu werfen und noch ein halbes Stündchen Schlaf einzuziehen.

Wie oft, um so isolierten Stunden einen Sinn zu geben, verordnete der Captain Selbststudium. Dazu hatte sich die Staffel im Theoriesaal einzufinden und sich mit mehr oder weniger Lust hinter eine Dienstbibel zu klemmen.

Fox, der designierte »Dinohüter«, verpackte übungshalber das Modell in sein Kistchen, in welchem es zu wichtigen Staffelanlässen reisen würde. Vor allem gelte es, das Maskottchen vor Feinden zu schützen, betonte *John*. Besonders andere Staffeln seien gefährlich. Sie würden das Emblem liebend gern klauen und es erst gegen einen saftigen Obolus in ihre Kasse wieder zurückgeben.

Kull fummelte unterdessen mit dem Stecker im Ohr an seinem neuen Radio herum. Der Rest unterhielt sich leise oder studierte.

Kieser, als hätte er es gerochen, warf einen langen Blick nach draußen.

Ein Vorhang aus Flocken hing über dem Parkplatz, als um 14.00 Uhr – trotz dieser garstigen Bedingungen – ein grauer Mercedes vorfuhr. Ein Chauffeur stieg aus, riss die hintere Tür der Limousine auf, worauf ein Brigadier und ein Oberst ausstiegen. Den Mantel auf dem Arm blinzelten sie um sich, setzten dann aber eilig ihre Hüte auf und hängten die Dolche ein.

»Mensch, das ganze ›Rösslispiel‹!«, schrie einer, worauf Andacht in die Gesichter fuhr und sich das Gros, wie vom Teufel gejagt, streberhaft hinsetzte und die Köpfe tief in das Reglement versenkte. Hastig zog *Kull* das Kopfhörerkabel weg, gab dadurch den Weg zu den Lautsprechern frei, die nun mit voller Stärke »Two …, one-two-three-four« und nach kurzem Trommel-, Tschinellen- und Klatsch-Rhythmus John Lennons Song »All we are saying …« durch die Reihen brüllten.

»Ruhe, auf!«, bellte Kieser.

Die im Takt wiegende Staffel erhob sich blitzartig, *Kull* nahm das Zündholz aus dem Mund, stellte die Musik ab und verfiel auf Kiesers »Achtung, steht!« in die befohlene Starre. Der Rest war opernreif.

»Herr Brigadier, ich melde Ihnen die Fliegerstaffel 22, anwesend zehn Mann, ein Mann krank und fünf Mann bei Swissair in Umschulungskursen.«

Brigadier Schindler, ein stattlicher Mann, führte mit abgezirkelter Bewegung seine gestreckte rechte Hand an den Mützenschild und befahl ruhig: »Geben Sie Ruh'n!«

Kieser ließ die Staffel wieder in die Stühle sinken.

Währenddessen hängten die beiden hohen Offiziere ihre dunkelbraunen Ledermäntel über eine Stuhllehne, entledigten sich ihrer goldbekränzten Hüte, wodurch mehr Gesichts- und Charakterzüge freigelegt wurden, und deponierten die Dolche in den Mützenzylindern. So wartete der Kopfputz mit dem Eichenlaub, welcher aufgetakelt das Haar des Einsterngenerals und Kommandanten der Flugwaffe zierte, und der andere mit den drei breiten goldenen Nudelringen, der den kahlen Regimentskommandantenschädel auf den hängenden Schultern als Obersten bezeichnete, einhellig auf sich selbst.

Das war nun die zweite Überraschung am ersten Tag des ersten Trainingskurses des neuen Jahres.

Zuerst das Schneeloch und nun das.

Nach dem obligaten Händeschütteln – mit Oberst Fridolin Hotz waren die meisten per Du – stellte der Brigadier seine Einmeterneunzig militärisch elegant, mit dem Gesicht eines Mannes auf der Höhe seiner besten Jahre, vor die Wandtafel. Längst hatte sein Laserblick das Radio hinter Kulls Festung entdeckt.

»Oberleutnant Kull, stellen Sie das Radio nochmals auf laut!«

Dieser tat wie befohlen, die Beatles fuhren mit ihrem Protestsong ab Band weiter und die hohen Herren hörten mit einem Lächeln auf den Lippen zu, indessen es Kull und seinen Kameraden nicht geheuer war.

»Okay, das genügt«, sprach der General mit väterlich kantiger Stimme, aber mit festem Blick, und hob dabei fast pfarrerhaft die Hände. »Ein wunderbarer Song, der auch mir gefällt. Vor allem den zweiten Teil, ›please give peace a chance‹, den kann ich nur unterschreiben. Er geht selbst mir unter die Haut. Wir tun alles, wirklich alles, um dem Frieden eine Chance zu geben. Aber wenn es unumgänglich ist, wenn der Gegner um alles in der Welt die Hand nicht reichen will, dann sind wir über das Einberufungsalter hinaus und dann schlagen auch wir zu, fadengerade und gnadenlos, nicht wahr, Oberleutnant Kull?« Er sagte es stechäpflig und mit dräuendem Zeigefinger und sein väterliches Lächeln wich katonischer Strenge. »Das Mao-Büchlein, Oberleutnant Kull, habe ich das erste und letzte Mal auf ihrem Tisch gesehen!«

Mit hochrotem Kopf ließ Kull das Corpus Delicti verschwinden und fiel in seine eben gelöste Steifnackigkeit zurück.

»Themenwechsel: Ihr seid die erste Staffel, welche die Übung ›Iglu‹ durchführen darf.« Sein »Darf« und sein süffisantes Lächeln lösten Räuspern aus.

»Jedem von uns kann das passieren, und das ist nach der Landung per Fallschirm neben einem Bauernhof oder auf einem Flugplatz erst noch die nächstbeste Variante. Wir zählen auf euer Verständnis und hoffen, dass ihr das sportlich nehmen werdet. Wir alle sind aktive Piloten, nicht wahr, Fridolin?«

Er drehte sein visierendes Antlitz seinem Adlaten zu, der es, sauersüß lächelnd, mit Kopfnicken bestätigte.

»Auch wir haben uns gut vorbereitet. Es werden ergo heute auf der Axalp elf plus zwei Schneelöcher gegraben.«

Augenblicklich trommelten die Piloten auf die Tische. Surprise Nummer drei.

»Schneelöcher ... gleich Arschlöcher«, zischelte *Kull*.

Der Staffelkommandant komplettierte das Briefing und gab bekannt, dass morgen ab 07.00 Uhr in der Kantine ein Frühstück bereitstehe und man sich um 11.00 Uhr wieder im Theoriesaal Süd zur Übungsbesprechung treffe. Die Zeit dazwischen stehe für »inneren Dienst«, sprich Duschen und Ausschlafen, zur Verfügung.

Wieder auf dem Zimmer, hatte sich die Stimmung schon deutlich gebessert. Dass die beiden »alten Säcke« mitmachen würden, das schlug dem Fass den Boden aus. Man gab sich gegenseitig noch die letzten heißen Tipps: eine zweite Lage lange Unterwäsche, dicke Socken, das knielange Militärhemd, darüber den grüngrauen Rollkragenpullover, ferner Fliegercombi und die aufblasbaren »Emmentaler-Jeans«, wie sie scherzhaft den vorn, am Gesäß und an den Knien ausgeschnittenen dunkelgrünen g-Anzug nannten. Wegen der dicken Unterwäsche bot bereits der erste Haken am Bauchteil Probleme. Schließlich gelang es dank Einschnaufen, Baucheinziehen und Fluchen doch, auch die Reißverschlüsse zuzuziehen. Die Fliegerstiefel versprachen dank vorzüglichen Gummiprofils und hohen Schnürschafts einen guten Halt. Zu guter Letzt folgten Lederjacke und Mütze.

»Vergesst den Halspariser nicht!«, schrie *Fox* und schwenkte den feldgrauen Halsschutz, der in den offenen *Bücker*-Doppeldeckern getragen wurde.

Für diesen Ausflug gab es ansonsten kein weiteres Bündel zu schnüren und bald warfen die ersten vier ihre großen Fallschirmtaschen und die Notpakete in den VW-Bus und wurden zur Talstation gefahren.

5

Die Kabine der Luftseilbahn: militärisch frugal und funktional. Schneereste am Boden, muffige Luft, als Raureif an den Scheiben klebend.

Das Telefon schrillte und mit einem Ruck fuhr die Kiste aus der Hütte. So ganz trauten die vier Piloten der Gondel nicht und waren heilfroh, dass sie nach fünfundzwanzig Minuten Blindflug endlich aussteigen konnten. In Nebel und Schneetreiben folgten sie einer markierten Spur, darauf vertrauend, dass diese, einen vermummten Abgrund entlang, nach gut hundert Metern im Kommandoposten enden würde.

Um 16.00 Uhr fanden sich Staffel, Oberst und General vollständig auf 2238 Meter Höhe im KP Axalp zum letzten Briefing ein. Auch der Oberst und der General trugen nun Fliegerausrüstung und auf dem Kopf die »Police«, das gefaltete Schiffchen, das sich bei Bedarf als Halsschutz herunterziehen ließ.

Die Erde drehte sich unmerklich der Dämmerung zu.

Und so leise und so sanft fiel der Schnee.

Vieler Erklärungen bedurfte es nicht mehr. Zunächst wurden die Nummern verteilt und gelistet. Die entsprechenden Stangen seien bereits gesetzt. Nummer 1 für den Brigadier, Nummer 2 für den Obersten, Nummer 3 für den Staffelkommandanten und so weiter. Ammann erhielt die Nummer vier, Kull die fünf. Das Feld sei so abgesteckt worden, dass der Abstand zwischen den Bauten nicht weniger als fünf Meter betrage, so Fetsch, und empfahl, rechts neben der Stange mit dem Schaufeln zu beginnen.

»Als Notnagel dient das beheizte Stübchen hier, wo man mit heißem Tee wieder aufgetaut wird«, flunkerte er.

»Und noch etwas: Alle zuständigen Stellen sind über unsere Übung informiert worden. Der Notfunk darf nur im äußersten Notfall betätigt werden. Dadurch würde sofort eine Rettungsaktion ausgelöst. Um nicht über unser Gepäck zu stolpern, begeben wir uns am besten in der umgekehrten Reihenfolge ans Werk. Noch bevor es dunkel wird, sollten eure ›Wohnungen‹ bezugsbereit sein!«, empfahl der Gefreite.

Der Schneefall hatte leicht nachgelassen, doch die Sicht betrug keine zehn Meter, als der Jüngste mit der Nummer 13 als Vorderster des Trupps im vorgespurten Graben die erste Stange erreichte. Ihm folgte die Kolonne.

Hier oben traue er keiner Flocke, fluchte *Kull*, als er seine Habe in den Schnee warf.

Ammann legte vor der Nummer vier wortlos seine Ausrüstung in den Graben, packte den Spaten aus dem Notpaket und begann unverzüglich mit dem Aushub. Schaufel um Schaufel. Nach einer halben Stunde war er bereits so tief ins Loch vorgedrungen, dass er die querliegende rechte Seite seiner Unterkunft zimmern konnte. Längst troff der Schweiß von der Stirn und er zog Lederjacke und Pullover aus. Doch wohin mit den Sachen, damit sie nicht nass würden oder verloren gingen? Das Gelände schien nur wenig steil abzufallen, aber dennoch. Die Fallschirmtasche bot gerade noch etwas Platz. Nachdem auch die linke Seite ausgehöhlt war, grub er sich noch den

Kältegraben und schnitt und klopfte sich Schneequader zurecht, mit denen er vor dem Zubettgehen den Ausgang zu verrammen gedachte. Er war eben dabei, den Himmel zu verfeinern und von Schneenasen zu befreien, als Fetsch den Kopf hereinsteckte und sich anerkennend umsah.

»Sieht perfekt aus, schon heimelig ausgekleidet, da werden Sie nach dem Abendessen sicher gut schlafen, Herr Oberleutnant Ammann«, sagte er und zog sich wie eine Muräne zurück.

Als Ammann noch die Kerzennische herausgeschnitten und Schirmtasche und Notpaket hereingezogen hatte, schlüpfte er wieder in Pullover und Jacke, griff nach der Taschenlampe und begab sich zu Kiesers Loch Nummer drei.

Draußen war es bitterkalt und schon beinahe dunkel. Die Nähte der Ziegenlederhandschuhe hatten an einigen Stellen schon nachgegeben.

Kieser keuchte, tief in seiner Höhle steckend, und warf Ammann die letzten Schaufeln Schnee vor die Füße.

»Geht's gut, *Kiema*?«

»Verdammter Seich!«, klönte Max Kieser.

»Kann ich helfen?«

»Nein, nein, danke, ich bin gleich fertig. Nur noch das Luftloch, damit die Seele aufsteigen kann.«

»Eiei, das muss ich noch nachholen«, schreckte er Ammann auf, der sich eilig verabschiedete und nochmals ans Werk ging.

Aus dem Loch des Obersten flog noch eine letzte Schaufel Schnee, als sich Ammann erlaubte, bergkameradschaftlich auch den »hohen Tieren« noch einen kurzen Besuch abzustatten. Die Stange Nummer 1, welche erst im letzten

Augenblick aus dem Nebel auftauchte, hätte er beinahe übersehen.

»John, wie kommt mir solcher Glanz in meine Hütte! Herzlich willkommen in der Kartause Nummer eins!«, keuchte Erol, der Laban mit Eichenlaub, und bat ihn, einen Blick hineinzuwerfen. Er hatte sich in der Tat nicht lumpen lassen und ein Nachtlager nach Lehrbuch geschaffen. Erol war gerade dabei, seinen Fallschirm über dem g-Anzug auszulegen.

»All die viele Seide hat doch etwas Hochzeitliches an sich, nicht wahr, *John*?« Er schob sie etwas beiseite, zog die Beintasche seines als Isolation dienenden Beschleunigungsanzuges hervor, öffnete den Reißverschluss und kramte einen stahlblechernen Seelenwärmer hervor. »Gut, dass du vorbeischaust, *John*, sonst wäre ich, will's der Teufel, noch auf dem Feuerwasser eingeschlafen, das mir meine Frau mitgegeben hat!« Und als auch noch der Oberst vorbeischaute, krochen sie nach draußen, schlugen zum Anprosten ihre behandschuhten steifen Finger am rostfreien Flachmann an und ließen sich, einer nach dem anderen, feinen eisgekühlten, aber trotzdem wie Feuer brennenden Zuger-Kirsch die Kehle hinunterrinnen. Sie habe sich aber noch gefragt, ob sie einen Offizier, der solche Übungen anberaume, damit überhaupt beglücken solle. Offensichtlich habe dann aber doch das Mitleid gesiegt, schmunzelte Brigadier Schindler.

Wieder zurück, schlug Ammann seine ausgebreiteten Arme auf die Brust, als der Strahl einer Taschenlampe aus dem Nebel auftauchte.

Fetsch, in einen dicken Schaffellmantel gehüllt. Er war laufend auf Erkundungstour und bestätigte, dass er alles im Griff habe. Keine der Höhlen sei eingestürzt und man sei nächstens daran zuzumauern.

Ammann kroch wieder in sein Verlies und zog die Brücke zur Außenwelt hoch. Er hockte sich auf die Fallschirmtasche und legte den Inhalt seines Notpaketes aus:
Notfunkgerät
Signalmaterial
Wundschnellverband, Cibalgin, Morphin
Tabletten für Trinkwasserzubereitung
Karte, Kompass, Sonnenbrille
Taschenmesser, Drahtsäge
Zündhölzer
Suppen, Tee, mehrere Pakete Zwieback, Schokolade
Metakocher mit Tabletten
Und wo sind die Zyankalikapseln?, fragte er sich zynisch. Er pflanzte die Kerze in ihre Nische, zündete sie an und füllte die kleine Alupfanne mit Schnee. Die blauen Flammen der Metastäbchen verbreiteten rasch einen trockenen, metallischen Geruch und verwandelten den Schnee bald in Wasser, das dank der Höhe in Kürze so siedete, dass er einen Teebeutel einwerfen konnte. Später kochte er sich eine Ochsenschwanzsuppe. Verbunden mit Zwieback ergab das ein feines, wärmendes Abendessen. Ein paar Täfelchen Schokolade rundeten das »lukullische« Mahl ab. Der Abwasch mit Schnee war rasch getätigt und Ammann begann, sich auf seinem mit dem *g-Suit* gepolsterten Podest in die rot-weiße Fallschirmseide einzuwickeln. Er rieb das Gewebe sowie die vielen Doppelnähte zwischen Daumen und Zeigefinger. Was für eine Qualität. Und an dieser Million Seidenfäden hinge dein Leben.

Hans *John* Ammann, was machst du eigentlich hier oben in dieser eisigen Hölle?, fragte er sich, als er sich im leicht muffig riechenden Demoschirm zurechtkuschelte und sich diebisch darüber freute, dass er die im Ernstfall fehlende Fallschirmtasche als zusätzliches Kopfpolster verwenden konnte.

Was machst du hier, so außerhalb jeder Welt und jeder Zeit? Statt zu Hause mit deiner lieben Frau ins warme Bett zu schlüpfen, schlägst du dir, zugemüllt auf einer Alp, die Stunden um die Ohren. Alles nur für die Fliegerei, für die Schweiz, für das Vaterland? Erst jetzt, im geduldig flackernden Kerzenlicht, wird einem so richtig bewusst, wo man sich befindet. Gut, man hat geprüft, dass du nicht von Haus aus unter Klaustrophobie leidest. Aber wie eine Mumie in einen Kokon gewickelt unter einer metertiefen Wechte an die sich über dir krümmende Schneedecke zu starren, weckt Tutanchamun-Gefühle. Oder bin ich gar ein verpuppter Schmetterling oder ein Fötus im Mutterbauch? Apropos Mutterbauch, Mama sollte ich diese Woche wieder einmal eine Karte schreiben. Sie ängstigt sich immer so, wenn ich im TK bin. Obwohl auch Fighter-Cockpits – hauteng in die Flugzeugzigarre geschnitten – solche Gefühle vermitteln, bieten sie doch wenigstens Aussicht und ein angenehmeres Klima. Nicht einmal Liegestütze machen kannst du in deiner Certosa. Gut, solange die Kerze brennt, ist alles okay. Brenzlig wird es erst, wenn … behüte mich, das darf nicht geschehen. Mein Körper hat sich dank Schnaps und guter Verpackung bereits ordentlich aufgewärmt. Die Höhlentemperatur ist so weit angenehm und noch bleibt die Schneestruktur erhalten. Stelle dir vor, du befändest dich in den unterirdischen Gängen deines Lebens? Für einmal spielen weder Geld noch Schönheit, Rang oder Brandabzeichen eine Rolle. Hier oben, hier unten, bist du lebendig begraben, bist nur noch du selbst. Diese Nacht gilt es zu überleben, so einfach ist die Gleichung.

So früh habe ich mich in der Schweiz schon lange nicht mehr zur Ruhe gelegt. Von Streckenflügen sprechen wir nicht. Dort steht eh alles Kopf. Wie spät ist es überhaupt? Noch nicht einmal sechs? Diese Uhr spinnt doch. Nein, klar, wir haben ja um vier das Briefing gehabt, plus die Grabarbeit ergibt sechs, kann stimmen. Die Stunden verstreichen so lähmend und so zäh und es hat doch eben erst begonnen.

Zu Hause wird Nina nach *Ahiti* nun Petra und Dani füttern. Dann Zähneputzen, Pyjama anziehen und ab ins Bett. Märchen erzählen, beten, und schon fallen ihnen die Äuglein zu. In der Regel zumindest. Wenn nur den Kindern nichts passiert. Nina hat schon eine große Aufgabe. Wie oft muss sie den Laden völlig alleine schmeißen.

Pilotenfrauenlos.

Zirkuslos.

Landstreicherlos.

Feckerlos.

Lächeln, küssen, liebeln.

Lächeln, küssen, liebeln, lächeln, heiraten.

Lächeln, küssen, liebeln, lächeln, heiraten, Beine breitmachen, gebären.

Lächeln, küssen, liebeln, lächeln, heiraten, Beine breitmachen, gebären, einkaufen, kochen, füttern, putzen, schreiben, lieben, lächeln, kochen, bedienen, füttern, küssen, putzen, schreiben, weinen und wieder lächeln.

Kein Halbtagsjob.

Abgesehen von Urlaub, Kino oder Theater, vollumfängliche Hausmanagerin.

Das nagelneue Eigenheim, von bösen Zungen Schuhschachtel genannt, wird aktuell wie eine kleine Ausgabe des Bonner Kanzlerbungalows im Tiefschnee kauern.

Was würde ich machen ohne Nina?

Die Ehe ist eine Wissenschaft, lieber Honoré de Balzac.

Nina und ich haben es gut miteinander.

Es stimmt einfach alles, körperlich, seelisch, einfach alles.

Ach wäre es schön, wenn sie sich gerade jetzt so genüsslich zu mir legen, ich ihren trostbereiten Busen oder ihren Venushügel im Rücken spüren würde und wir gegenseitig unsere Körperwärme anzapfen könnten.

Ich starre an die Decke, sehe jeden Schaufelhieb, jede Fingerspur nur eine Armreichweite vor der Nase. Die Zeit ist Harz, Harz, das an der Baumrinde abtropft. Wenn ich die Augen schließe, zerlegt sie sich wie das Licht im Prisma und wie Mäuse huschen die Gedanken durch mein Hirn.

Gut möglich, dass mir *Kull* plötzlich auf der Hütte rumtrampt. Dem ist alles zuzutrauen. Auf jeden Fall beginnt der Rücken zu schmerzen. Ich versuche es vorerst einmal in Seitenlage. Bin auch schon bequemer gelegen. Wir sind ja hier nicht in einem Fünfsternehotel, es geht ums Überleben. Zum Glück ist das Militärhemd so lang, wärmt Nieren und Po. Wenn das so weitergeht, werde ich nochmals an der »Matratze« herumkratzen. Ich muss dem Gesäß mehr Raum geben. Eben ist mir der »Grabstein« in die Armkehle gerutscht. Immerhin habe ich den nicht vergessen. Hat sich bis anhin als guter Talisman bewährt ... und der neue?

Der Heilige?

Der Christophorus?

Liegt in der Kaserne, im Portemonnaie. Zum Teufel, wozu brauche ich hier oben ein Portemonnaie? In der Kaserne nützt es am meisten. Dabei hat mich niemand mit traditionell schwarzem Humor gebeten, das Portemonnaie zurückzulassen.

Was ist denn das? Ich greife in den Fallschirm-Kokon. Da ist es ja, mein Portemonnaie, tief in einer reißverschlossenen Tasche meines Overalls. Dort unten am Wadenbein wird Nelas Amulett stecken, mit dem eingepressten bärtigen Hünen, der, schwer auf einen langen Stock gestützt, im wadentiefen Wasser ein lächelndes Kind buckelt, das die Weltkugel trägt.

Wo ist Nela wohl unterwegs? Jene zarte, bedauernswerte Frau. Irgendwie hat diese Begegnung am Herzen geritzt. Was für eine stolze, die Besonnenheit verdrehende Sinnlichkeit. Vor allem spürst du Mitleid, oder doch nicht nur und ausschließlich? Nela trägt, wie es scheint, ihr Handicap mit Würde und Gelassenheit. Ohne Zweifel hat sie das Herz auf dem rechten Fleck. Aber man kann in einem noch so schönen Körper wohnen, ist man darin eingeschlossen, dann ist es nur mittels Mischrechnung zu bewältigen.

Und was geht dich das an?

Das legt sich wieder, *John*!

Weshalb nur hüpfen und schießen dir die Gedanken durcheinander?

Könnte sie wirklich eine Spionin sein?

Weshalb geht, wenn sie lächeln, solche Weiber, in Männerherzen so rasch die Sonne auf?

6

Sie zeigte erst acht. Dieses vermaledeite Schneeloch schien der Uhr nicht gutzutun. Bei *John* Ammann wollte in dieser starren Weltverlorenheit um des Kuckucks willen keine schläfrige Stimmung aufkommen.

Ich darf nicht daran denken und es treibt mich noch zum Wahnsinn, dass Besatzungen ausgerechnet jetzt, statt in dieser eisigen Gruft zu liegen, irgendwo auf dem Erdball unterwegs sind oder sich gerade für den Nachtflug nach Rio de Janeiro bereit machen oder, noch viel schlimmer, präzis jetzt an der Copacabana zum Abendessen ausgehen. Rio übt auf die Menschen seit jeher eine ungeheure Faszination aus. Auf Besatzungen ist die Anziehung geradezu so magisch, dass sie diesen Wunscheinsatz tot oder lebendig abfliegen wollen.

Die kühle Hotellobby, der übliche Treffpunkt vor dem Ausgang. Ach, wie süß die Erinnerung hochsteigt.

Schwere, geradezu verführerische Düfte wehen durch das Foyer. Auch an jenem Abend lasse ich mich in einen der überbreiten weißen Ledersessel fallen, die im *Rio Othon Palace* vor rotviolett gemusterten Hochflorteppichen kauern.

Das Gros ihrer Crew habe sich auf dem Zuckerhut verabredet, erfahre ich von der bildhübschen Blondine, die nach einem freundlichen »Guten Abend« mir gegenüber ihre langen Beine übereinanderschlägt. Da sich auch meine Besatzung auf einem Ausflug befindet, sieht es ganz danach aus, dass diesmal für den Captain ein ganz besonders attraktives einsames Herz übrig blieb.

Es mag hier oben, auf der Axalp, wie ein abgeschliffenes Klischee tönen: Sie ist tatsächlich eine strahlende Schönheit, die alle Blicke auf sich zieht. Um das zu beurteilen, bieten sich in meiner Branche genügend Vergleichsmöglichkeiten. Schlanker Hals, knallroter Schmollmund, schöne Nase, große braune Augen, hohe Wangenknochen, die Grübchen zulassen. Ihr Haar, das die Rio Sol des ganzen Tages eingefangen hat, ist zur Banane hochgesteckt. Nun ankert sie vor mir, so ruhig und stolz, als sitze sie mir Modell.

»Haben Sie keine Angst, mit mir alleine auszugehen?«, sage ich wie so nebenbei. Langsam löse ich meinen Blick vom Morbidezza an Farben, Blumenbuketts und Passanten und richte ihn wieder auf sie.

»Für einen Langstreckenkapitän sind Sie zwar noch geradezu gefährlich jung und trotzdem vertraue ich mich Ihnen gerne an.«

»Gefährlich jung? Wie kommen Sie darauf?«, heuchle ich.

Sie lässt es so stehen und wir wenden uns abermals dem Kommen und Gehen des Hotels zu.

»Fleisch, Fisch oder *Galeto*?«, frage ich irgendwann mit trockenem Mund.

»Nina!«

Etwas erstaunt schaue ich auf die fünf langen, rot lackierten Fingernägel, die sie mir zustreckt.

»Hans, Nickname *John*, einfach zu merken, nicht wahr?«, sage ich, erhebe mich und ergreife ihre Hand.

»Blondinengemäß«, sagt sie mit halb ernster Miene.

Wir einigen uns auf Fleisch, für Vegi sei Rio zu schade. Letztlich würde ihr jeglicher Fetzen schmeicheln, denke ich, beinahe fleischlos, nachdem nun auch sie, sich elegant drehend, aufgestanden ist, um auf dicken Korksandaletten der Drehtür zuzuschreiten.

Draußen packt uns die Hitze. Ihr luftiges nabelfreies Top, das der Gravität erfolgreich trotzende Brüste verhüllt, finde ich fast etwas kühn. Doch, wir sind in Rio, da geht das gut, finde ich. Schneeweiße Hotpants, schmale Taille, weibliches Becken, stolzer, unbeschwerter Gang, aufgekratzte Natur, finde ich. So war es.

»Nina? Tönt eher schwedisch«, beginne ich irgendwann, während wir auf den keramischen Platten der *Avenida Atlantica* der nächsten *Churrascaria* zustreben. Hübsche Muschen schäkern auf Barhockern im Freien mit Freiern.

»Wie du das triffst! Mama ist Schwedin, Vater Bündner, und aufgewachsen bin ich in Chur. Landei sozusagen«, fährt sie nach einem Gedankenstrich fort, bleibt stehen und schaut zum Sandstrand hinüber. Junge Menschen tollen mit Bällen herum. »Von Beruf bin ich Kauffrau, spiele leidlich Klavier, bin ziemlich sportlich – und du?«

»Gebürtiger Aarauer, Maschineningenieur ETH, so nebenbei noch Militärpilot, genügt das?«

Beim Wort Aarau räuspert sie sich.

Unablässig klatschen die Wellen aus dem feinen Salzschleier auf das Ufer und löschen das Rauschen des Verkehrs.

»Alles künstlich angelegt«, bemerke ich mit Blick auf den Strand.

»Aarauer …?«, wispert sie vor sich hin.

»Etwas dagegen?«

Maliziös lächelnd schüttelt sie den Kopf.

»Später«, sagt sie.

Wir halten vor einem einladend wirkenden Restaurant an und setzen uns an einen der runden, von rot-weißen Metallschirmen behüteten Tische, an denen halb Rio vorbeigespült wird.

Zum Apéro trinken wir einen *Caipirinha*, das *Solomillo* wünschen wir uns halb gebraten und dazu einen blumigen Argentinier.

Das Gespräch, anfänglich eher herb, dreht sich um Einsatzpläne, sogenannte Rotationen und kommende Urlaube. Immer öfter schauen wir uns in die Augen, fast etwas zu lange, finde ich, und ihre sind unergründlich tief. Der Blickwechsel mit ihr kommt zusehends einer Berührung gleich und ich beginne bereits, ihre Worte zu verschlingen.

»Neckische Halskette«, bemerke ich irgendwann.

»Auf dem Markt von Brazzaville erstanden.« Sie greift lächelnd nach der lose hängenden Schnur mit den Holztierchen, um gleich danach mit der Zungenspitze den Zucker von der Oberlippe zu lecken.

»Der Limettengeschmack des *Caipirinha* wirkt angenehm nach«, findet sie.

»Rio ist ein altbekanntes Diebe-, Huren- und Stenzen-Pflaster. Nicht gerade der Ort, um seine Kronjuwelen auszuführen«, offenbare ich mich wahnsinnig einfallsreich.

»Dann habe ich das ja richtig gemacht.«

Sie dreht den breiten Armreif und ergreift danach einen kleinen Elefanten aus der Halskette, um ihn zu streicheln.

Ich schwenke den eben eingeschenkten Rotwein, rieche an ihm und stelle das Glas wieder ab.

Die Kellner tragen ein riesiges, dickes Steak auf einem Holzbrett daher, tranchieren es wunschgemäß, legen die feinen Fleischstücke auf violette Teller und garnieren sie mit Bratkartoffeln, einem Bündel dünner, mit Speck umwickelter Bohnen, Rübchen und Rosenkohl.

Ja, tatsächlich, daran erinnere ich mich noch genau, weil sie die Farbe der Teller so speziell fand: »Typisch Brasil und …«, sie schnuppert am Teller, »… und nachdem mir der Zuckerrohrschnaps bereits richtig eingefahren ist, wird sich dieser schwere Cabernet wohl direkt ins Blut mischen.«

»Der geht sicher gut zum Fleisch«, verwedle ich ihre Bedenken und wir stoßen an. Ich beobachte, wie sie ein Schlückchen im Mund rollt und es anerkennend den Hals hinuntergleiten lässt und wie sie sich feine Scheibchen vom zarten rosafarbigen Fleisch zum Mund führt. Beinahe gierig verfolge ich die Stückchen, die zwischen den sinnlichen Lippen verschwinden.

»Das Steak ist würzig und so natürlich zart, wie Fleisch nur in Südamerika sein kann«, finde ich.

Statt der einsamen Kerze, die hier mein Verlies auf der Axalp erhellt, züngeln an der Copa Fackelflammen in die seidige Nacht.

»Im Grunde genommen habe ich ein schlechtes Gewissen«, sagt sie aus heiterem Himmel, während ich erneut den Wellenschliff ansetze.

»Sind sie echt?« Ich zeige auf ihre schönen langen Nägel, wohl wissend, worauf sie hinauswill.

Sie aber bleibt hartnäckig am Ball.

»Ich liebe Fleisch, habe aber jedes Mal Mitleid mit dem armen Tier, das für meinen Genuss das Leben lassen musste.«

»Zu Hause esse ich aus einer gewissen Grundüberzeugung nur wenig Fleisch. Hier hat man eine größere Distanz zur Kreatur«, wurstle ich mich hinaus.

»Klingt etwas gar fadenscheinig«, findet sie.

»Ich gebe dir recht, doch ist es der richtige Augenblick, gerade jetzt daran zu denken? Ändern wir dadurch etwas?«

»Da gebe ich nun wiederum dir recht.« Sie isst wie ein Vögelchen weiter und wischt sich zwischendurch einmal mit ihrer schlanken Hand eine Brotkrume von der Bluse, deren Farbe sie als resedagrün bezeichnet.

In der Folge schwatzen wir unfokussiert, fast ohne Punkt und Komma, über persönliche Erlebnisse, über die voraussichtlich in einem Jahr kommende Abstimmung über das Frauenstimmrecht, was ich übrigens sehr befürworte. Später schlägt sie die Brücke zu den *Cariocas* im Allgemeinen und den jodbraunen Mädchen im Speziellen, die drüben im Flutlicht immer noch ihre Hintern schwenkend herumschäkern und die Burschen hitziger machen als das Bad an der Sonne. Noch während sie ihre wie sie betont echten Fingernägel wohlgefällig betrachtet, fährt sie fort:

»Gefällt dir die neue Tanga-Mode?«

»Zu nackig«, antworte ich, während mir im Gaumen noch der fruchtige Geschmack des Weines nachklingt. Ich fände sie nicht erotisch, aber noch schlimmer seien Strings. Man komme sich als Mann so pädophil vor und überhaupt seien sie unhygienisch, behaupte ich.

Unaufgeregt, mit sanfter und doch klangvoller Stimme erzählt sie dann von sich und ihrem Leben. Fünf Jahre fliege sie bereits bei Swissair, habe schon einen großen Teil der Welt gesehen und stets versucht, ihre gute Laune auch in andere Erdteile zu tragen. Die Akropolis, der Eiffelturm, das Kolosseum, alles Sehenswürdigkeiten, die zur Allgemeinbildung der Stewardess gehören, habe sie ebenso besucht wie die Pyramiden und Bangkoks Tempel und den Floating Market. Inzwischen wisse sie auch, wie man in Tokio U-Bahn fahre und wo man in Hongkong oder New York einkaufe. Und dennoch gäbe es auf der Welt noch viele Leerstellen, die sie gerne schließen würde, wobei sie mir aufwühlende Blicke schenkt.

Die ich nicht ungern gemeinsam mit dir schließen würde, sinniere ich, und du hast einen so unanständig schönen Mund, und die Kleider? Die habe ich dir längst gestohlen, und müssen deine Brustwarzen ständig dein Resedagrün so anheben?

»Bin ich nicht eine Schnatterente geworden?«, fragt sie überraschend und wischt eine weitere Brotkrume von ihrer Brust.

»Der Katechismus ist ja noch nicht drangekommen. Bitte weiter so!« Die Bilder, die sie im Gespräch entstehen lässt, kommen bei mir beinahe so aufregend an wie das provokante Funkeln in ihren Augen. Nachdem wir auch das Weltbild übereinstimmend teilen, schlägt sie ein Quiz vor.

»Über Flugzeuge?«, argwöhne ich.

»Das würde dir so passen. Interessieren mich nicht sonderlich. Nein, pikanter, gerade so, wie wir das Denkspiel kürzlich auf einem Singapur-Sling getrieben haben.

Knapp beantwortete Fragen, das ist doch spannend, nicht wahr?«

»Und? Anschliessend noch Flaschen drehen? Na dann, meinetwegen.« Ich zucke pomadig die Schultern.

»Zukunft?«

»Stets auch ein Blick in Richtung Ofen«, antworte ich.

»Makaber, könnte aber auch der Erdboden sein. Und nun du?«

»Leben«, lautet meine Frage.

»Alles ist vorläufig, du betrittst diese Welt, darfst eine Weile bleiben, dann musst du wieder gehen.«

»Sehr schön gesagt; von dir?«

»Könnte sein, ich weiß nur nicht mehr woher. Und nun: Mann«, fährt sie fort und lacht dabei schelmisch.

»›Maann‹ muss man auf der Zunge zergehen lassen, ganz zum Unterschied zu ›Ff...rrr...au...au!‹«

»Ganz schön von sich eingenommen, das nächste Mal kürzer, bitte.«

Dann frage ich: »Frau?«

»Buch mit sieben Siegeln«, sagt sie. Ich nicke beifällig.

»Liebe?«

»Liebe?«, studiere ich. »Ganz schön schwierig.«

»Typisch Mann, hat darauf keine Antwort.«

»Liebe ist, wenn einem das Wohlergehen des anderen wichtiger ist als das eigene.« Nun finde ich mich enorm clever.

»Tönt nett, ist aber wieder viel zu lang«, moniert sie.

»Wie kuriert man Liebeskummer?«, fährt sie ohne Pause fort.

»Zulassen, aussitzen. Verdrängt man ihn, riskiert man ewig Leichen im Keller.«

»Der Mann hat Erfahrung«, bemerkt sie, und ich wieder: »Was macht man mit dem Partner, der einen verlässt?«

»Schießt ihn auf den Mond.«

»Und wenn es eine Frau ist?«, feuere ich sie an.

»Venus einfach; nun die vorletzte Frage: Sex?«

»Der animalischste aller Triebe«, erwidere ich.

»Entweder entgleist dem Mann das Urteilsvermögen oder er ist vom Trieb überfordert, habe ich das letzte Mal geantwortet«, lacht sie hörbar und hält sich gleich verschämt die Hand vor den Mund.

»Letzte Frage: Ehe?«

»Bund mit Restrisiko«, gibt der Mann am Nebentisch zur Antwort und »Gang über dünnes Eis«, fügt seine Dame an und »ein ewiger Brautstand« doppelt das Paar neben ihnen wie aus einem Mund nach. Offensichtlich haben wir uns so spontan unterhalten, dass die deutsch sprechenden Paare nebenan einiges mitbekommen haben.

»Das heißt wohl, dass man seine Schritte mit Bedacht setzen soll?«, flunkert Nina.

»Erraten!«, antwortet der vorlaute Deutsche.

»Schön, dass wir von Ihrer Erfahrung profitieren dürfen, und nun nennen Sie mir bitte noch die Sieben Weltwunder der Antike«, fordert ihn Nina heraus. Nach Pyramiden und Koloss von Rhodos bleiben die Auskünfte aus. Auch von ihr zugeworfene Stichwörter wie hängende Gärten …, Artemis …, Zeus …, Leuchtturm oder Mausoleum lassen ratlose Gesichter zurück. Erst später, völlig andernorts, wird der Hecht im Karpfenteich doch noch einmal daherplachandern.

»Apropos Restrisiko«, fährt Nina gedämpft fort. »Das habe ich eben am eigenen Leib erfahren müssen.« Sie betrachtet nachdenklich den Ringfinger und überprüft mit traurigem Lächeln ihre Frisur am Hinterkopf. Selbst ihre ausgeschabten Achselhöhlen finde ich süß.

»Wer das Scheiden hat erfunden, hat an Lieben nicht gedacht, hat meine Mutter oft gesungen und dann gleich nachgeschoben: Die perfekte Frau gibt es doch ebenso wenig wie den perfekten Mann, also würde man am besten bei dem bleiben, was man hat.«

»Wahrlich eine weise Mama hast du«, flüstert Nina.

»Hast du eine Scheidung hinter dir?«, frage ich sie beiläufig.

»Beinahe. Eine langjährige Beziehung ist auseinandergegangen.«

»Selbst das tut weh«, sage ich und fahre fort: »Als von Frau und Bett getrennt Lebender kann ich das gut nachvollziehen. Wir befinden uns im Moment offensichtlich beide in einer emotionalen Sahelzone.«

»Sahelzone? Ja, kann man durchaus so benennen. Den Durst nach Zuneigung kann das bisschen dazugewonnene Freiheit nicht löschen«, sagt sie und wir nippen weiter am Glas.

»Im Unterschied zu mir bist du wirklich frei …«,

»… ja, vogelfrei fühle ich mich«, fällt sie mir lachend ins Wort.

Kaum habe ich den feinen Schluck genossen, hänge ich noch an: »Mein Scheidungstermin steht erst noch bevor.« Kaum sind mir diese Worte entschlüpft, hätte ich sie am liebsten wieder eingefangen. Ich drehe am Ehering und entscheide mich, diesen Gedankenfaden nicht weiter zu verfolgen; leicht könnte es in Wehklagen ausarten.

»Du bist plötzlich so in dich gekehrt?«

»Nein, nein, ich bin nur etwas abgeschweift, bitte entschuldige.«

»Ist schon okay, *John*. Ich wünsche dir, dass das alles so reibungslos wie nur möglich vonstattengehen wird.«

Ein Straßenhändler löst den anderen ab und wir kommen kaum nach, sie auf Distanz zu halten. Land- und Ansichtskarten, Kaugummi, Mundharmonikas, Ballons, Papierschlangen, Rosenkränze, Marienstatuen, Zuckerhüte, Corcovados, Masken, Tropenfrüchte, Abzeichen, Schmuck, Filme, Zigaretten und unzählbaren Tand mehr bieten die *Cariocas* an. Wir bestellen frische Papaya und Mango als Nachspeise, weil sie am Nebentisch so fein geschnitten mit Limetten gebracht werden.

Mir tut schon jetzt das Liegen weh und die Kerze ist erst einen Zentimeter abgebrannt.

»Inzwischen habe ich mir eine eigene Wohnung genommen«, nehme ich den Faden wieder auf. An Nina habe ich bereits einen Narren gefressen. Ihr vertraue ich und verspüre das bei mir unübliche Bedürfnis, mich ihr gegenüber weiter zu äußern. »Sie heißt Olivia und ich will keinesfalls schlecht über sie reden. Eines Tages – für mich doch völlig überraschend – sagte sie: Hans, ich muss mit dir reden. Zugegeben, unser Gefühlsleben hatte sich spürbar ausgewaschen, aber wir konnten stets auf sachlicher Ebene miteinander sprechen, zu sachlich, vielleicht. Sie sei einfach nicht zum Plätten von Uniformhosen nach Feierabend geboren, begann sie. Überhaupt sei sie keine Pilotenfrau. Es habe aber auch zivile darunter, Hosen, scherzte ich, worauf sie mich bat, doch ernsthaft zuzuhören. Dieses moderne Nomadenleben eines Piloten, dieses verdammte Doppelleben nach Flugplan, diese nagende Eifersucht, das Sich-Ängstigen um den ständig aushäusigen Mann und die Vorstellung, sein Körper könne ihr eines Tages in einer Schuhschachtel übergeben werden, halte sie einfach nicht mehr aus. Ich sterbe nicht noch mal für dich, sagte sie, und das sei ihr bitterer Ernst. Dabei hatte sie keineswegs ein von Ängsten um mich zerknittertes Gesicht. Das Wort ›verdammt‹ hallt noch heute in mir nach. Ich bekam das Gefühl, dass irgendetwas anderes dahintersteckte, und vor allem, dass Macht die Stelle von Liebe und Sex eingenommen hatte. Jedenfalls reihte sich ein Monolog an den anderen. Dann machte sie mir ein sehr gutes, keine tiefen Wunden schlagendes Angebot.«

»Habt ihr Kinder?«

»Zum Glück nein. Nicht dass ich etwas gegen eigene Kinder hätte, doch in unserem Fall ist es besser so.«

Nina holt tief Luft.

»Olivia verzichtet, da aus superreichem Haus, auf finanzielle Ansprüche jeglicher Art, sofern wir uns im Frieden trennen.«

»Da steckt doch ein anderer Mann dahinter. Gibt es denn keine Möglichkeit mehr, eure Ehe zu retten? Habt ihr es mit einer Paartherapie versucht?«

»Nachdem sie ihre Seele ausgeräumt hatte, kam ich nie mehr so richtig an sie heran, sie war in Sachen Gefühle bereits von der Sahelzone in Richtung Wüste unterwegs. Unserer Liebe wurde jede Nahrung entzogen. Zu mehr körperlicher Nähe als dem Wangenkuss kam es seither nicht mehr. Wie ein Verstoßener zog ich aus. Nun ist der Kontakt völlig eingeschlafen. Bei uns wäre auch eine

Paartherapie ein hoffnungsloses Unterfangen. Ein anderer Mann? Glaube nicht, dass sie sich wieder so schnell in die Pflicht nehmen lassen will, würde aber nichts daran ändern.«

Nina zeigt zustimmendes Schweigen, hält den Glasstiel mit abgespreiztem kleinen Finger, nimmt den Kelch in beide Hände, als wolle sie mich trösten, und reibt danach mit der Fingerkuppe den Rand.

»Nullsummenspiel, so mein Anwalt. Bloß, lieber *John*, mache keine Fehler, bevor die Konvention unterschrieben ist«, rät er mir. »Frauen können unglaublich rachsüchtig, ja gnadenlos wie Raubkatzen sein. Drum bete hin und wieder darum, dass du nicht schon vorzeitig der Frau deines Lebens begegnest und dadurch ein Minenfeld betrittst!«

Nina schnalzt verhalten und schmunzelt.

»Seinen Rat befolgend, lebe ich seither wie ein Bettelmönch, flehe um Trost und Beistand, ora et labora, und gehe mit der Bibel ins Bett.«

»Armer *John*«, gluckst Nina, um dann meine Ironie gleich zu entkräften.

»Kann ich mir schlecht vorstellen. Als so gut aussehender Frauenbeglücker kannst du dich doch ihrer kaum erwehren. Die müssen ja förmlich nach dir schnappen. Andre Städtchen, andre Mädchen! Flirrend brillante Chancen«, kichert sie, während sie konzentriert in ein Spieglein blickt und diskret Lippenrot auflegt.

»Frauenbeglücker? Auch schon gehört. Wie dem auch sei, danke für das Kompliment. Jedenfalls bin ich noch weit davon entfernt, außerehelich im Garten Eden zu wandeln. Übrigens, die Abweisungen hielten sich bis anhin in engen Grenzen.«

»Hast du auch irgendwo ein Tattoo?«, fragt sie mich völlig aus dem Blauen mit wild herausforderndem Blick.

»Ich? Wie kommst du darauf? Ausgerechnet ich?«

Ganze fünf Sekunden Ruhe tickt die Uhr ab, bis ich den Kopf schüttle.

»Aber stattdessen könnte ich dir doch noch meine Briefmarkensammlung zeigen.«

Wir lachen beide auf und sie hakt gleich nach: »Aber unter Pfarrerstöchtern, wie viele Kerosingrillen waren es schon?«

»Habe ich bereits so einen Ruf? Und wie groß ist sie bei dir, die Zahl der gebrochenen Herzen?« Sie zieht ihre Nase kraus, ihre Wangen röten sich und sie spielt mit einer Giraffe an der Halskette.

»Zugegeben, ich stand auf meinen Lehrer«, sagt sie dann cool. »Doch ansonsten hielt es sich auch bei mir in engen Grenzen«, flüstert sie und lässt kurz ihre großen Smokey-Eyes über die in Gespräche versunkene Nachbarschaft wandern. »Mein Verflossener, übrigens ebenfalls ein Aargauer, lachte sich eine Jüngere an, die offensichtlich seinen Wunsch nach Kindern stante pede zu erfüllen gedenkt.«

»Aber das hätte sich doch leicht ändern lassen.«

»Nachher ist man stets gescheiter. Als vom Schicksal verwöhnte Frau empfand ich das als schweren Stich ins Mieder und es brachte mich beinahe um den Verstand. So sicher fühlte ich mich und wurde, man kann es nicht schöner ausdrücken, schlicht und einfach von einer anderen ausgebremst. Mein Leben lag in Trümmern und der sonnigste Tag brachte es nicht mehr. Möglicherweise ging es dir ähnlich; es will dir einfach nicht gelingen, dich anderweitig schadlos zu halten, und dich mit Whisky zuzuschütten ist auch keine Lösung. Von Männern habe ich seither die Nase gründlich voll. So schnell wollte ich keinen mehr ranlassen. Man kann doch die Frau nicht nur auf die Fortpflanzungsfähigkeit reduzieren. Und in puncto puncti nur noch als Entspannungsgerät zu funktionieren oder mich gar beschälen zu lassen, mag ich auch nicht.«

Während dieser Ausmalung errötet sie in Wellen.

»Na, na, Nina, man muss ja nicht gleich in jede Schlangengrube fallen«, sage ich, nicht übersehend, dass sie den Tränen nahe ist.

»Da seid ihr Männer wohl anders programmiert. Ich jedenfalls bin durch die Hölle gegangen und habe Rotz und Wasser geheult. Aber irgendwann habe ich mich wieder aus dem Busch geschlagen und heute geht es mir wesentlich besser.«

»Tja, jede Ebbe hinterlässt Hässliches«, grummle ich.

»Die Bruchstücke einer Beziehung zusammenzulesen, macht wenig Freude.«

»Klingt irgendwie logisch, fast pathologisch«, schließt sie.

Selbst hier, in Schnee und Eis, erinnere ich mich so klar an jenes Gespräch, als wäre es gestern gewesen. Und hier scheint die Uhr rückwärts zu laufen.

Sie strafft die Schultern, neigt sich mit einer gewissen Wildheit im Gesicht ein klein wenig über den Tisch, zieht verstohlen den Ausschnitt ihres Tops leicht seitwärts und zeigt mit dem roten Fingernagel auf ein rotes Herzchen, unmittelbar neben ihrem Brustansatz. Ein vielsagendes Lächeln fliegt auf ihre Lippen.

»Hier ist mein ganzer Schmerz eingraviert und da bleibt er, zumindest vorläufig.«

Ich rutsche den Stuhl näher und frage sie: »Wie wär's mit einer Samba-Show?« Sie schüttelt den Kopf.

»Davon habe ich schon genügend gesehen. Finde sie mittlerweile langweilig«, hängt sie an. »Für etwas Deftigeres wäre ich allerdings schon zu haben.«

»Wie muss ich das verstehen?«, frage ich.

»So wie ich es sage.«

»Hmm, Box- oder Ringkampf?«

»Blödsinn! Striptease oder so was Ähnliches, einfach etwas Deftigeres, Aufreizenderes.« Ihre Augen funkeln.

»Uuff, das erfordert dann aber schon eine gehörige Portion Besonnenheit«, gebe ich zu bedenken, längst spürend, dass die Glut in mir bereits keines Zuges mehr bedarf.

»Also bitte, lieber *John*, besteht da wirklich ein so großer Unterschied zum Strandleben? Da werden doch nur die Triangel weggelassen.«

»Ist das nicht ein erstaunlicher Wunsch aus dem Mund einer Frau? Dann könnten wir uns doch morgen ebenso gut miteinander an den Beach legen und die Fantasie walten lassen.«

»Und das wäre dann nicht mit Unkosten verbunden«, prostet sie mir schelmisch lachend zu.

»Ma che, liebe Nina, darum geht es doch nicht, es geht mir einfach über die Hutschnur.«

»Das Minenfeld ist es doch, das du fürchtest. Völlig unbegründet, ich habe dir ja gesagt, was ich von Männern halte.«

Ich fasse mich an die Nase.

»Wende dich in dieser Angelegenheit doch besser an Jüngere in der nächsten Crew.«

»Komm, *John*, zier dich nicht! Man muss die Feste feiern, wie sie fallen! Auf denn – nach Valencia!«, zitiert sie Herders Cid, schiebt die Hand über den Tisch und fasst die meine. »Ich bin doch kein leichtfüßiges Mädchen! So leicht …, los, morgen haben wir frei und jetzt machen wir uns auch einmal einen fröhlichen Lenz!«

Ich schaue auf die Uhr.

Es ist kurz nach zehn.

Was Spaß macht, hält jung.

»Garçon, por favor, preste!«, rufe ich und fühle mich bereits auf den magischen Teppich gezogen.

»Die nächste Straße, ein paar Schritte nur«, erklärt der Kellner und gleich betreten wir einen dunklen Schuppen, von dem wir bereits unter der Tür den Namen nicht mehr wissen.

Die Show beginne in zehn Minuten, flüstert es hinter dem Strahl einer Taschenlampe, der wir durch abgestandene Luft und um eine kleine Tanzfläche herum zu einem Tischchen folgen. Mit dem Rücken zu einer nachtschwarzen Wand nehmen wir Platz. Paare tanzen zu stimmiger Musik, andere schauen Händchen haltend zu. Es ist verwirrend heiß und die rauchgeschwängerte Luft ist zum Abstechen. Im Licht einer Stablampe prüfe ich die Getränkekarte. »Einen Espumante aus Argentinien?«, frage ich Nina. Der Satz bleibt irgendwie hängen. »Einen argentinischen Champagner oder Prosecco?«, repetiere ich.

»Wenn der nicht gerade zum Fürchten ist«, nuschelt sie.

Der Kellner bringt einen Schaumwein aus dem chilenischen *San Antonio Valley,* im selben Moment, in dem eine *Rosalba de Fuego* angekündigt wird und schon zu Slow-Fox-Rhythmen auf das runde Parkett zirkelt.

Ich stutze, will den Wein zurückweisen, Nina aber äußert sich achselzuckend und wäre selbst mit einem Gläschen Salmiakgeist glücklich, wie sie sagt. Ich lasse die Flasche öffnen.

Gebannt verfolgt Nina zwischen den Gästen in der ersten Reihe durch, wie sich *Rosalba* rekelt und sich aufreizend langsam ihrer Wäsche entledigt.

»Das macht die gut, so habe ich es noch nie gesehen«, meint Nina ganz aufgeregt. Ich erhebe mein Glas und wir stoßen an. Der prickelnde Weiße ist süffig und seine Herkunft spielt bald keine Rolle mehr. Während ein weiteres Girl dazustößt, ein anstiftendes Lächeln in die Runde streut und ebenfalls strippt, nippen wir immer öfter wie Kolibris am Sektkelch und schlittern mit jedem Schluck weiter ins süße Verderben. Nina zieht ihre Beine an, umschlingt sie kurz, lässt sie aber gleich wieder los, kuschelt sich näher, ich spüre ihr Knie an meinem Knie, ihren Schenkel an meinem Schenkel, ihr Gesäß an meinem Gesäß. Ihr fester Busen hebt und senkt sich wild und ihr Parfum tut zunehmend das, was es soll, und die beiden Mädchen tun, was sie sollen.

Kurz nach elf rollen Kellner eine große Luftmatratze herbei und liebestoll schlendert das erste Paar daher, umarmt sich, küsst sich, küsst sich innig und inniger und die Zuschauer der hinteren Reihen recken sinneslustig die Hälse. Nina knufft mich in die Seite, erhebt sich vom Sitz, streicht sich eine Haarsträhne zurück, wickelt sie, da sie nicht hält, nervös um den Finger, klemmt sie hinters Ohr und schaut gebannt auf die Liegestätte, wo offensichtlich das geboten wird, wonach sie sucht.

»Beide sind hübsch«, sagt sie und holt ein Päckchen Frauenzigarettchen aus ihrer Tasche.

Eve lese ich, während ich ihr Feuer gebe und sich die Flamme funkelnd in ihren geweiteten Pupillen spiegelt.

Sie hält mein Handgelenk. »Schau, wie die sich heiß küssen. Interessiert dich das denn nicht oder bist du noch nicht richtig gelandet?« Sie steht wieder auf, ihr Nutten-stängelchen glimmt im Dunkeln und ich werfe immer öfter einen Seitenblick auf ihren Busen.

»Doch«, sage ich, erhebe mich und kann, derweil mir die Kinnlade herunterfällt, gerade noch den Sektkübel packen. Die Gläser aber suchen im hohen Bogen das Weite und ihr Geklirr schreckt die Gäste kurz auf.

Scherben, herbeistürzende Kellner, welche Glastrüm-mer und Trinkgeld weg- und eine weitere Flasche herzau-bern.

Das Pärchen ist eben daran, sich völlig auszuziehen.

»Wow«, seufzt Nina, »welch ein Johannes!«

»Reinstecken!«, ruft eine deutsche Stimme. Die kennen wir doch?

»Ganz schön obszön«, flüstere ich, »doch ohne gäbe es weder Dalai Lama noch Papst.«

»Du glaubst es nicht, die treiben es richtig. Mensch, wie der … und diese junge Frau …«, seufzt Nina, nimmt zwei Schlucke aufs Mal und muss beim zweiten husten.

Vor mir, zwischen den Leuten, sehe ich eigentlich genü-gend und vernehme sogar lüsternes Keuchen, richte mich dann aber auf ihren Wunsch doch noch auf, kurz und vor-sichtig.

Es riecht nach verbranntem Wachs.

Tischkerze um Tischkerze geht aus.

Das Mädchen hat ein apartes Gesicht. Doch weshalb können Frauen ihre Brauen nicht in Frieden lassen, sage ich zu mir, nehme einen weiteren kühlen Schluck und frage mich zusehends, worauf ich mich da eingelassen habe.

»Mensch, wenn der sich nur nicht übernimmt ...«, tschilpt Nina und greift sich in die Haare, »... und schau mal, die neben uns und die dort drüben ...«, und ehe mein Auge das Publikum im Schatten der Scheinwerfer erfasst, scheint ihr der Wein das Gleichgewicht zu rauben und sie rettet sich auf mein Knie. Ich spüre heiße Lippen, ihre Lippen, mitten auf dem Mund, leidenschaftliches Gezüngel, Kuss um Kuss.

»Turnt dich das nicht auch ein bisschen an? Da möchte man doch am liebsten auch ...«, flüstert sie mit gesenkten Lidern. Ihr Atem streift mein Ohr, sie nimmt meine Hand und führt sie zu ihrem weichen, siedend heißen Bauch, später aufwärts, unter ihr Top. Die Sinne drohen mit mir durchzubrennen, lassen aber gleichzeitig sämtliche Alarmglocken im Kopf schrillen.

Und wieder äußert sich der Deutsche: »Der Mann hat ja keinen Saft im Stiel! Der nächste Herr, selbe Dame!«

»Diese Vorführung ist doch ausschließlich für die Verschmelzung zwischen Ei- und Samenzelle gedacht«, versuche ich Gelassenheit zu zeigen, obwohl mir vor lauter Erregung das Blut in die Leiste schießt.

»Alles Natürliche ist keine Schande«, flüstert sie, »auch in der Natur kommt der flinkste Kater zuerst zum Zug«, schwadroniere ich. Und wie sie mir kurz den Zeigefinger auf den Mund hält und dann gleich wieder lasziv nach dem

Sektglas greift und danach sanft mein Gesicht abtastet und wie es das Paar auf der Bühne auf die Spitze treibt, wäre ich am liebsten im Erdboden versunken.

Nachdem sich eine weitere Locke freimacht, nimmt sie den Kamm heraus und das Haar fällt ihr wie eine Welle auf die Schulter.

»Ist denn Lieben ein Verbrechen?«, murmelt sie.

Keine Frage, bei ihr könnte ich landen, denke ich.

Mein Gott, Ammann, erinnerst du dich noch so an jede Sekunde? Und ob, schon die Gedanken daran bringen das Eis hier zum Schmelzen. Ich schließe die Augen, sehe eine weite Wasserfläche und irgendwo in der flimmernden Luft lächelt sie mir zu.

Diese Lüsternheit, diese überdrehte, vorgeführte Sinnlichkeit in Anwesenheit dieser Frau löst an jenem Abend in mir eine noch nie erlebte Sehnsucht aus, nein, sie raubt mir beinahe den Verstand. Alles würde stimmen, alles wäre zum Greifen nah.

John, hör auf, Süßholz zu raspeln.

Hol dir den Verstand zurück und bedenke die Konsequenzen.

Coronado-Captain Ammann!

Nein, so leicht kriegt man dich nicht! Eine Zeile im Boulevard oder gar ein Bild?

Schneller wärst du aus dem Cockpit gepfarrt, als du denkst.

Weg!

Frei!

Freigestellt.

So was ginge nie mehr raus aus deiner Wäsche.

Zum Glück geht das Licht an und Reißverschlüsse schnurren.

»Zahlen, fort!«, befehle ich, während das Pärchen unter dem vom Claqueur angetriebenen Applaus die Kleiderreste aufliest.

»Erst nachdem du mit mir noch einen Tanz gemacht hast«, bettelt sie. Die Band spielt mit einem Cha-Cha-Cha auf, dann folgen *La Paloma* und ein Tango. Ich bin kein schlechter, aber kein leidenschaftlicher Tänzer. Nie konnte ich die Hemmungen gegenüber der Partnerin überwinden. Zugegeben, nach dem Cha-Cha-Cha nehme ich sie mit Genuss in den Arm. Wie biegt sie den Oberkörper zurück, ihre Hüfte lasziv gegen meine gedrückt, und ohne dass sie auf den Zehen stehen muss, begegnen wir uns sanft drehend auf Mund-, Augen- und Hüfthöhe.

Dann ziehe ich den Beutel, mit feurigen Ohren, und sie lässt sich ohne großes Entsetzen wegschleppen. Wie Kinder rennen wir Hand in Hand und erwartungsvoll erregt unter dem Krachen der Brandung und dem vom Flutlicht übertünchten Mond in seidiger Luft die Copa entlang. Nehmen vor dem Hotel zwei Treppenstufen aufs Mal.

Immer noch bin ich hin und her gerissen zwischen Gefühl und Pflicht, zwischen Lust und Anstand, zwischen Soll und Haben. Ihr schneller Atem und mein Kribbeln im Bauch machen mich halb verrückt.

Schnippen mit dem Finger würde genügen.

Weshalb denn nicht?

Sie ist überreif und du bist es auch. Ist doch nur für die eine sündige Nacht. Weshalb diese einmalige Gelegenheit nicht doch schamlos ausnützen?

Doch die eine könnte plötzlich die eine zu viel sein.

Herr, wirf Hirn vom Himmel!

Gerade in deinem Falle wäre ein Fehltritt besonders katastrophal, warnt mein Freund, der Anwalt. Wenn du noch kein Kostverächter bist, zumindest vorläufig werde einer.

Also, Hans *John* Ammann, du weißt, was zu tun und was zu lassen ist, raunt mein Gewissen.

»Herr Kapitän bevorzugen doch Blondinen, nicht wahr?« Ich schaue sie schweigend an und sie wirft sich mir, noch während wir auf den Lift warten, an den Hals.

»Ich habe da noch ein Tattoo ..., ein besonders reizvolles ...«, lispelt sie. »Und du, Captain *John*, hast doch sicher eine Suite mit Blick auf die Copa ..., haha ..., und noch mehr Schampus ... im Kühlschrank ..., denke ich ...« Wieder streift ihr Atem mein Ohr und ich schaue in ihre weit aufgerissenen Augen und ihre Grübchen lächeln, während ihr roter Nagel auf ihrem nackten Bauch in Richtung Hosenbund zeigt. Gäste in der Lobby beobachten uns. Ich greife blitzartig nach ihrer Hand.

»Blödmann!«, antwortet sie und betritt den Fahrstuhl. Eine weitere, noch stärkere Woge der Vertrautheit erfasst uns, ihr Parfum und der Duft nach Möglichkeiten nebeln mich ein, unsere Lippen berühren sich, wir umarmen uns wild und die Schiebetüren gleiten auseinander und Leute starren uns an.

Zum Glück ist niemand von der Besatzung dabei. Beim Verlassen des Aufzugs kann ich sie gerade noch auffangen, bevor sie einem Herrn in die Arme fällt. Wir nehmen Kurs auf ihr Zimmer und ich halte sie fest am Arm. Immer wieder blicke ich in ihr Gesicht, auf ihr wallendes Haar und zugegeben auch auf ihre Brust und ihren Po, die ich beide so gerne gestreichelt hätte. Als spüre sie es, wendet sie sich vor ihrer Tür und fällt mir – das war nun die endgültige Nagelprobe – abermals um den Hals.

»Ich begreife dich nicht, du bist mir ein Rätsel, schöner Mann! So eine Gelegenheit bietet sich im Leben nicht oft«, lallt sie mit unstetem Blick. Unsere Lippen schmecken meersalzig, ihre Augen glänzen und ihr Blick ist verzehrend.

»Hans, ich begreife dich wirklich nicht, ich verstehe die Welt nicht mehr …«, stammelt sie mit dünner, erstickender Stimme. »Ich bin doch noch nicht …, ich bin doch so gut in Form und so voller Liebe … und wir beide wollen doch dasselbe …, und du kannst doch nicht immer mit der Bibel …, weshalb sollten wir denn nicht?«

Ich muss sie wie ein Primaner angeschaut haben, jedenfalls wendet sie sich mit gequälter Miene ab und beginnt, am Schloss herumzufummeln.

»Darf ich dir helfen?«

»Reinstecken!«, sagt sie ärgerlich und entschwindet, ohne sich umzudrehen.

Meine Füße stecken immer noch in frischem Beton, während ich meine Suite betrete.

Wäre, hätte, weshalb hast du nicht?

Ich schalte auf Autopilot und dimme das Licht. Erst vor der riesigen Glasfront fallen die Gewichte langsam ab. Ziemlich verstört blicke ich zum Kreuz des Südens hoch. Ein schneeweißes Wölkchen pufft in den Nachthimmel, allein und verlassen. Aus dem salzigen Nebelschleier rollen unablässig die Wellen und brechen sich im hohen Bogen auf dem Copa-Strand und die Gischt kriecht gierig dem Flutlicht zu. Die Scheiben sperren das Krachen der Brandung und den Verkehrslärm vollständig aus.

Pralle, gefilterte Natur.

Wie ein Gas strömen Einsamkeit und Sehnsucht nach dieser Frau herbei. Nichts gleicht dem Gefühl, das sie in mir entfacht. Ich greife zum Telefonhörer, tippe die erste Zahl ihrer Zimmernummer und hänge wieder auf.

Stunden später, der Morgen liegt längst im Zimmer, blicke ich in den noch gestaltlosen Tag. Welk begebe ich mich ins Bad, stütze mich am Waschtisch auf und verspüre Mitleid mit dem übernächtigten Spiegelbild. Rasieren und kaltes Wasser ins Gesicht klatschen, so rufe ich mich wieder zur Ordnung. Dann stehe ich unter der Dusche, trockne mich ab, ziehe mich an, setze mich in den Sessel und schaue hinunter. Draußen saugt das Zimmermädchen den Korridor, nebenan wird gespült, die Airconditioning rauscht. Alltägliches Rumoren in den Eingeweiden eines Hotels. Es lebt.

John, die wilden Jahre sind endgültig vorbei, oder stehen sie erst noch bevor?

Was für ein Tanz auf der Rasierklinge!

Die Tugend hat letztlich doch noch über das Laster gesiegt und mein Verstand hockt offensichtlich doch nicht ganz am falschen Ort. Buchstäblich im letzten Moment ist dir die Vernunft noch beigesprungen, und das alles wird sich bald wieder legen. Der Himmel ist bleich, die Sonne zart, renne heute Morgen noch die Copa hinunter, stähle deinen Körper und reinige deine Seele!

Das Schicksal wollte es anders. Ich ziehe einen Handschuh aus und taste den Schnee ab. Er fühlte sich nicht mehr ganz so trocken an wie am Nachmittag, als ich ihn frisch gestochen habe. Das feine Ziegenleder der teuren Piloten-handschuhe eignet sich offensichtlich nicht für das Grobe im Schnee.

Noch während sich Olivia aus meinem Herzen verflüch-tigt, pulsiert bereits die andere in den Adern, und nur wenige Monate später geschieht es. Stark am Geist, aber schwach am Leib. Ich bin frisch geschieden und der Prin-zipienhengst brennt doch noch mit mir durch. Gemeinsam dringen wir in jene verpassten, geheimnisvollen Sphären vor. Inzwischen kenne ich ihre Tattoos. Nina und ich sind nicht nur einmal – ausschließlich mit dem Ring bekleidet – durch das auf einem Podest thronende King-Size-Bett der Hotelsuite getobt und haben, ohne uns zu erheben, dem an der Copa zerfließenden Schaum der Brandung zugeschaut.

»Bitte nie mehr!«, beschwört Nina mich jedes Mal, wenn ich sie wegen jenes Abends necke. Sie wirft mir stro-boskopische Blicke zu oder fasst sich mit spitzen Fingern an die Schläfen oder verdeckt ihr Antlitz, um nicht sogleich antworten zu müssen.

»Was für eine Bieridee! Quelle chronique scandaleuse! Wie kann einem das angeborene Schamgefühl so völlig ab-handenkommen? So was von unbesonnen, doof und däm-lich und deine Abfuhr hat mich in Gefühl und Stolz erst noch verletzt!«, jammert sie.

»Komm mein Schatz, schön, dass wir darüber lachen können.«

»Es gab damals in meiner Gefühlswelt eben extrem viel Luft nach oben und irgendwann wusste ich nicht mehr, was oben und was unten ist. Du hast auf mich jene unerklärliche, geradezu magische Anziehung ausgeübt, die man Liebe nennt. Du bist schuld! Du hast mir den Verstand geraubt.«

»Das legt sich wieder«, fahre ich grinsend dazwischen.

»Als nicht so leicht entflammbare Unschuld vom Lande – und das bin ich im Geiste immer noch – bin ich dank dir auf noch weitgehend unbekanntes Terrain vorgestoßen. Für einmal habe ich die Dame von Welt spielen wollen und auch zum Teil können.«

»Aber, liebe Nina, was soll diese selbstzerstörerische Analyse?«

»Lass mich, wenn wir schon dabei sind. An meinem Verhalten kann man stets Verbesserungen vornehmen. Und dennoch, so in der Retroperspektive gesehen, kann ich den Abend in Rio doch einigermaßen nachvollziehen. Nachdem mich Elmar betrogen und ich ihn deshalb in die Wüste geschickt hatte, war ich verunsichert. Ich kam mir nach den zig Jahren mit ihm geradezu entkernt vor. Ich bin doch kein Essighafen, aber wenn die Zwanzig spürbar hinter dir liegen und sich die Jugend im Körper zu verflüchtigen beginnt, kommt man als Frau an einen Punkt, an dem man gelegentlich die Weichen richtigstellen will oder soll. Die Zukunft beginnt, einen zu ängstigen. Deine offene, ruhige Art, deine Männlichkeit, deine geschmeidigen Bewegungen, ach höre mir doch auf. Du warst mir in Zürich im *Operations Center* bereits früher aufgefallen und ich wartete nur auf den Augenblick, dich kennenzulernen. Diesen Fels in der Brandung oder keinen, um alles in der Welt, und der Zweck heiligt die Mittel.«

»Ambiente, Tropen, Alkohol, aber auch die große Distanz von zu Hause und vor allem das von uns gewünschte,

›etwas Deftigere, Aufreizendere‹ wirkten doch wie Brandbeschleuniger, das ist doch normal!«, versuche ich zu beschwichtigen.

»Im Hotel kam ich doch schon ziemlich schicker, nein, betrunken an. Jedenfalls hattest du dich in Kürze vom Fels zum Fixstern entwickelt. Und Hand aufs Herz, wer wird bei einer so aufgeilenden Show nicht schwach? Offensichtlich verspürte auch ich den bei euch Männern bestens bekannten Trieb. Mich bis zur Hochzeit aufzubewahren, war eh nie mein Vorsatz. Das alles zusammen, du merktest es ja selber, machte mich scharf wie ein Haifischzahn.

Kaum auf dem Zimmer litt ich, und wie. Zunächst guckte ich ausgiebig durch die Klobrille, dann heulte ich die halbe Nacht hindurch und fragte mich, wie ich dir je wieder unter die Augen treten könnte. Es war eben doch mehr als eine erotische Gehirnerschütterung.

Ich war bereits hoffnungslos in dich verknallt.

Des Alleinseins müde, willst du als Frau schlicht und einfach berührt und tröstend in den Arm genommen werden. Das fehlt gerade noch, dass du dich ausgerechnet dem Mann gegenüber so billig benimmst, der dich vielleicht bei der Suche nach einem neuen Lebensentwurf unterstützen könnte, warf ich mir vor. Doch wie der Volksmund sagt, alles hat seine Zeit. Die Liebe lässt sich nicht erzwingen, die bekommt man oder eben nicht. Auf jeden Fall erinnere ich mich nicht ungern daran und habe diesen Exzess nie bereut, habe ihn doch nicht nur zugelassen, sondern geradezu angestoßen«, lacht sie aus ihrem Madonnengesicht.

So weiß ich es noch.

Mein Gott, *John*, jenen Rio-Abend könntest du als Endlosband durchlaufen lassen. Wie dem auch sei, Nina weckte in mir das große Beschützergefühl. Sie wurde die Liebe meines Lebens und entpuppte sich als ideale Pilotengattin und fürsorgliche Mutter für unsere beiden Kinder. Und auch das sei noch gesagt, sie lernte in Sachen »Fliegen« einiges dazu. Sie weiß mittlerweile, dass »Querlage« nicht nur mit dem Fötus im Mutterbauch zu tun haben muss und Messerlage 90° Querlage bedeutet, und dass man in diesen Lagen, ob auf dem Fahrrad oder im Flugzeug, auf die Nase fällt, wenn die Fliehkraft nicht zu Hilfe kommt und der Erdanziehung entgegenwirkt.

Nun, die Leidenschaft zwischen uns ist keine Seifenblase und lässt uns ohne Auftrieb, Schub oder Zentrifugalkraft fliegen. Wir sind bis heute sehr glücklich und wurden von keiner einzigen Welle der Fremdheit je auseinandergetrieben.

Und doch habe ich ein Geheimnis vor ihr, das ich nie lüften würde, dürfte. Sicher wäre sie sogar stolz auf mich, wenn ich es ihr gestände: Ich bin Mitglied der fünften Kolonne, Kadermitglied der P27! *Paco* vertraut mir, deckt jedoch nur eine Karte nach der anderen auf. Ein schlauer, abgefeimter Hund. Aber er beeindruckt mich trotzdem, und Landesverteidigung auf einer völlig anderen Schiene zu betreiben, hat einen unwiderstehlichen Reiz. Wenn ich ein Käuzchen rufen höre, gilt es mir.

7

Schon verrückt, da schlafen wenige Meter ober- und unterhalb von mir weitere zwölf Mann und man hört keinen Ton. Es ist fast schmerzlich still. Man fühlt sich einsam und ausgegrenzt, in einem eisigen Bergfriedhof lebendig begraben. Und wenn man ganz gut horcht, hört man die Gedanken im Hirn knacken und die Erde rotieren. Dieses kalte Loch könnte ebenso gut in Alaska, am Nord- oder Südpol gegraben worden sein.

Auch dort gibt es jede Menge weißen Müll.

Hoffentlich habe ich meine Wohnung nicht auf einem Murmeltierbau errichtet. Das wäre noch, wenn plötzlich ein »Mungg«, aus seinem Winterschlaf erwachend, seinen Nagerschädel durch die Schneewand stecken würde? Du heiliger Florian, da hätte ich dann das Geschenk. Hoffentlich hat das Tier mehr Angst vor mir als ich vor ihm.

Ich schaue erneut auf die Uhr.

Erst 19.30 Uhr. Nina wird den Kindern die Zähne geputzt, sie gewaschen und ihnen vielleicht die Nägelchen geknipst haben. Die kleinen Halbmöndchen runterspülen, ihre Haare bürsten, sie in den Pyjama und unter die Decke stecken, ein Märchen erzählen, kurz beten, sicher auch für mich, die Stirn bekreuzen, und just zu Beginn der Tagesschau wird auch bei ihr der wohlverdiente Abendfrieden einkehren. Dann, sofern das Programm es erlaubt, wird sie weiter fernsehen oder sich ein Stündchen in einen Isabel-

Allende-Roman versenken. Später abschminken, duschen, ins Bett schlüpfen und hoffentlich nochmals an mich denken, wobei sie, nachdem ich abmachungsgemäß heute noch nicht angerufen habe, keine Ahnung hat, wo ich stecke. Sie wird in einen süßen, unbelasteten Schlaf fallen.

Mit diesen Gedanken und den ersten Formeln der Schwere und Wärme des autogenen Trainings nickte auch Ammann im gelblichen Licht der Kerze ein. Dass die Flamme bereits leicht nachgegeben hatte, realisierte er nicht.

Und draußen fiel so leise und so sanft der Schnee.

Es war wohl gegen Mitternacht, als er aufschreckte und gleich mit dem Kopf gegen die Decke stieß.

»Wo bin ich? Sackerlot, wo bin ich? Was ist das für eine Finsternis«, wetterte er, ohne zu realisieren, was unten oder oben war. Er schlug mit der Faust gegen das Rund, spürte bereits glasierten Schnee, griff nach der Taschenlampe und begriff endlich, wo er sich befand. Ohne zu zögern, strampelte er mit den Füßen den Eingang frei, zog die eiskalte Luft ein und schlüpfte behände durch das enge Loch ins Freie.

Glück gehabt, seufzte er.

Mehr Glück als Verstand? Der Schnee hatte das etwas zu klein geratene Lüftungsloch zugeweht. Ob von der Decke tropfendes Schmelzwasser die Kerze gelöscht hatte oder ob sie, was wahrscheinlicher war, wegen eines Sauerstoffdefizits ausgegangen war, konnte Ammann einerlei sein.

Wichtig, er war am Leben.

Gierig hechelte er frische Luft in seine Lungen. Es flöckelte nach wie vor aus stockdickem Nebel. Kein Orion, keine Kassiopeia, kein Nordstern, kein großer Wagen, nichts, aber auch gar nichts. Stattdessen mächtige, unheimliche Abgeschiedenheit. Ammann kroch, nachdem er seine Blase geleert und die Spur im Licht der Taschenlampe verwischt hatte, fröstelnd in sein Verlies zurück, mauerte den Eingang wieder zu und begann, sein »Kopfkissen« zu glätten. Dann nistete er sich im Kerzenlicht wieder in den Fallschirm ein und beobachtete, wie sich sein Bauch unter den breiten rot-weißen Streifen hob und senkte. Jeder Versuch, wieder einzuschlafen, schlug fehl, die Augen wollten und wollten nicht zufallen. Seine Gedanken spielten immer noch verrückt.

Nur kein Sauerstoffmangel mehr! Herrschaft, was für eine Scheißnacht! Will denn diese Langeweile kein Ende nehmen.

Todsicher finden noch diese Woche Schießanflüge statt, und zwar hier. Das eine Ziel liegt östlich, keine zweihundert Meter von mir entfernt. Ich sitze im *Hunter*-Cockpit, überquere auf dreieinhalbtausend Metern den Brienzersee, ergibt fünfzehnhundert Meter über Zielhöhe, Kurs mehr oder weniger Süd, schneide tangential den Vier-Kilometer-Kreis um das Zielgebiet an, die Axalp liegt links vorne, jetzt 45°, und kurz bevor sie rechtwinklig zu liegen kommt, kippe ich in linke Messerlage, ziehe mit vier *g* in der schiefen Ebene auf den winzigen orangegelben Punkt hinunter, werde in den Sitz gepresst, blicke durch das gläserne Visier, kurz bevor das Ziel in den Leuchtkreis eintritt, richte ich auf, pendle mich ein, erstelle eine stabile Plattform, das Sechs-mal-sechs-Meter-Quadrat ist zwar noch winzig klein, wird aber rasch größer, Kanone entsichern, zwei Kilometer, das Ziel fliegt immer rasanter auf mich zu, nun das leuchtende Fadenkreuz, leicht über das Ziel halten, etwas nach rechts versetzen, es hat Föhn, mit dem Kreuz fein nach unten stoßen, sonst liegen die Schüsse zu lang. »Schussdistanz!«, den Abzug eine Sekunde drücken, die Kanone poltert unter meinem Hintern, als würde ich im Auto über einen Kuhrost fahren. Fünf oder sechs Schuss genügen, um im Ziel Schnee hochreißen zu lassen, sofort mit vier g abflachen, Minimalhöhe beachten und abhauen. Ach, habe ich doch schon hundert Mal gemacht.

Mag ich schon gar nicht mehr durchkatschen.

Fliegerschießen ist schlicht und einfach ein Prozess, bei dem Mensch und Maschine optimal harmonieren müssen. Punkt. Fliegerschießen heißt, von einem labilen, sich irrsinnig schnell auf das Ziel zu bewegenden, dem Wind ausgesetzten Podium aus zu schießen. Vergleichbar mit dem Wendrohrführer, der auf dem mit hundertzwanzig fahrenden Feuerwehrauto mit einem Wasserstoß, eine Sekunde kurz, den vor ihm liegenden Brandfleck präzis bespritzen muss. Fliegerschießen heißt, sich mit Leib und Seele auf das Ziel zu stürzen und sich kurz vor dem Aufprall noch zu retten. Fliegerschießen heißt erschießen, möglichst genau treffen und sich keinerlei Gedanken über die fürchterlichen Auswirkungen seiner Waffen zu machen. Fliegerschießen heißt, sich der Fliegerabwehr am Boden so kurz wie möglich zu präsentieren, sich beim Überflug des Ziels vor hochfliegenden Trümmern und Schrapnellen zu retten und sich so schnell wie möglich aus dem Staub zu machen. Fliegerschießen bedeutet Vorbereitung, Technik, Leidenschaft, viel fliegerisches Gefühl, Feinheit und Konzentration auf den Punkt. Punkt!

Mit *Sky,* er hatte sein Medizinstudium abgeschlossen, hatte ich auch über Technik und Ethik des bewaffneten Einsatzes gesprochen. Im Unterschied zu mir sah er sich eher als Erdkämpfer.

»Ich bin nicht der geborene Bombenleger«, konterte ich einmal. »Statt unschuldige Menschen als sogenannte Kollateralschäden zu treffen, ziehe ich den Luftkampf vor; da weiß man wenigstens, was man vor sich hat, und ist nicht so nah auf dem Schadenplatz.« Worauf *Sky* kurz innehielt.

»Kollateralschäden sind Beifang, nur kannst du den nicht wie ein Fischer wieder ins Meer werfen. Wenn wir töten, töten wir stets den Sohn oder die Tochter einer Mutter, eines Vaters, einen Bruder, eine Schwester, Eltern oder Kinder, lösen unsagbare Familiendramen aus. Selbstverständlich verneige ich mich nicht nur als Arzt, sondern auch als Erdkampfpilot vor dem Leben«, gab er zu bedenken. »Ich töte aber nur, wenn unbedingt nötig, und dann aus der Defensive, um Leben im eigenen Land zu schützen, und halte notabene meinen Kopf auch für Armeegegner hin. Und dafür, dass diese Blutschuld uns bis anhin erspart blieb, danke ich dem Schöpfer.« So war *Sky.*

Und wie freuten wir uns jeweils genüsslich, wenn wir, unserer Jagdleidenschaft frönend, wieder einmal »Gabelschwänze« – so der Kosename für die doppelrumpfigen »Vampire« und »Venom« – vor die Flinte bekamen oder schlankerhand einen »Mirage« auf dem linken Fuß erwischten.

Wir beide hatten, um uns nicht ausschließlich mit dem Kriegshandwerk befassen zu müssen, den Beruf des Linienpiloten gewählt.

Als leidenschaftlicher und begnadeter Flieger war er mit großer intellektueller Spannkraft und sogar poetischer Begabung gesegnet: Selbst in der Luft ist man immer noch mit Millionen Seidenfäden an diese Erde gebunden.

Wie quält uns Flieger die Sehnsucht nach dem Himmel, und kaum sind wir oben, haben wir Heimweh nach der Erde.

Sky.

Er dachte nicht nur schwarz-weiß. Aus der Haut fahren?

Nie, Boris Loher hatte eine Engelsgeduld.

Tiefe Stimme, ausgeprägte Höflichkeit.

In Anwesenheit von Damen lachte er oft über sich selbst, stellte sich bescheiden als Antifrauentraum dar. An seinem ausgeprägten Augenbrauenbogen, den er als Wulst des Stirnbeins, als besonders bemerkenswerten *Arcus superciliaris* bezeichnete, erkenne man den direkten Nachkommen des Neandertalers. Seine Augen waren sanft und gütig, sein Gespür für Gerechtigkeit beispielhaft. Den größten Platz aber brauchte sein Herz. Groß war es und auf dem rechten Fleck. Und doch, so muss man bis heute annehmen, schien ausgerechnet dieses Organ ihm einen Streich gespielt zu haben.

Wir hatten auch über unsere Zukunft bei *Swissair* gesprochen. Auf welchen Flugzeugtyp wollten wir uns nach dem Ausscheiden des *Coronado* umschulen lassen?

In einer Nanosekunde wurden sein *Hunter* und er an einer Felswand atomisiert und sein Geist zu den Chthonischen katapultiert. Er sei nur auf der anderen Seite des Weges, sprach der Pfarrer auf der Trauerfeier.

Von wegen.

Dann soll er doch wieder rüberkommen.

So musste es gewesen sein.

Lieber Gott, lass doch bitte *Sky* und mich noch einmal über den Wolken Ballett tanzen, wie letztmals über Zermatt, nur einmal noch.

Herrgott, nur einmal noch!

Akrobatik vor dem Matterhorn war doch Beten; das darf man sich doch selbst als Flieger nochmals wünschen.

Alles Augenschließen oder Blinzeln nützte nichts. *Skys* Bild war nicht zu halten, rückte langsam wieder auf Distanz, wurde zur Hülle, der man das Leben entzogen hatte.

Ging in die Geschichte über.

Unendlich gemächlich kroch die Nacht dahin. Ammann hatte genügend Gedächtnisfetzen zusammengefügt. Irgendwann begannen die von seinen schweren Gedanken gepinselten Bilder zu verbleichen, lösten sich unmerklich auf, und er dämmerte mit einem bitteren Lächeln auf den Lippen weg.

Gegen 03.00 Uhr erwachte er das nächste Mal. Die Höhle glitzerte im Kerzenlicht und vereinzelt tropfte es auf die Fallschirmseide. Drinnen im Kokon hatte er es jedoch trocken. Bei Licht zu schlafen, war er nicht gewohnt, und er fragte sich, wie es draußen aussähe. Zu müde, um sich zu bewegen, starrte er zur weißen Sargdecke hoch und merkte nicht, wie ihm die Augenlider wieder zufielen.

8

Kurz vor halb sieben kroch ihm die Kälte in die Knochen. Das Gefühl, nur noch einen kleinen Teil seines Körpers zu bewohnen, trieb ihn endgültig aus dem Seidenschirm. Die morgendliche Flatulenz hatte mittlerweile eine beinahe anheimelnde Atmosphäre geschaffen. So nahm er seinen eigenen Körpergeruch wahr, und nach dem schlechten, von Albträumen durchsetzten Schlaf, noch bevor er zur Leiche auskühlen würde, befahl er sich Tagwache. Hoffentlich würde das Sterben einmal weniger anstrengend sein. Als Pilot war er aber auch darauf gespannt, ob die Wetterfrösche recht behalten hatten und die Okklusion endlich abgezogen war. Er fühlte sich unausgeruht und die Zähne klapperten, als er bar des Kokons seine Sachen einpackte. Mit wenigen Fußtritten öffnete er den Zugang und rutschte, Fallschirmtasche und Notpaket hinter sich herziehend, hinaus. Erwartungsgemäß empfing ihn im Freien eine glasklare, noch kälter gewordene Bergnacht. Petrus hatte das Bild im Wechselrahmen ausgetauscht. Im unendlichen Glanz funkelten die Sterne um die Wette. Die Venus bezirzte den Orion und im Osten zeigte sich eine feine, wie mit der Klinge gezogene Bläue. Wie ein Diamant blitzte die Spica, weiß, orange und metallisch blau, als wolle sie sagen: Hallo, bin auch noch da!

Ammann hielt kurz inne.

Ergriffen von der wunderbaren Kulisse, vergaß er das eigene Frieren.

Die Axalp, die tagsüber oft gnadenlos mit Kanonengeschossen, Raketen und Gipsbomben eingedeckt wurde, verharrte in ungewohnter Stille. Weitere Kameraden krochen aus ihren Löchern und streckten ihre Glieder in die Luft. Ammann griff zur Schaufel, zerstörte sein Nachtlager, packte sein Gepäck und stapfte Richtung Kommandoposten. Der Betonklotz mit seinem wie eine Krone aufgestülpten Geländer passte wie die Faust aufs Auge in dieses sakrale Stillleben. *Kiema* schien noch zu schlafen, während die beiden hohen Tiere ihre Behausung bereits demoliert hatten. Bevor er eintrat, blickte Ammann nochmals hoch, zum fünfhundert Meter höheren Kamm des *Schwarzenbergs*, den er schon so oft überquert hatte und den er sich schon morgen wieder im Rückenflug zur Brust nehmen würde. Die an Pfähle gebundenen gelben Zielflaggen auf dem Quergrat, dem sogenannten *Grätli*, hatte die Winterpracht fast vollständig zugedeckt. Ammann klopfte den Schnee von seinen Schuhen und drückte die schwere Tür auf. Augenblicklich empfingen ihn Wärme und feiner Kaffeeduft, und es roch auch nach Männerschweiß und Zigarettenrauch.

»Guten Morgen!«, grüßte er, legte seine Taschen ab und stand stramm.

»Brigadier, ist es gestattet?«

»Bitte, *John*, willkommen«, bat ihn der General mit einer Handbewegung an den langen Tisch.

Ammann begrüßte die beiden Angestellten der *Direktion der Militärflugplätze*, die im beigen Übergewand ihre Hände um die Kaffeetassen schlossen, und setzte sich neben sie. Ihre Hauptaufgabe war, die Ziele wieder instand zu setzen und während des Flugbetriebs den Schießleiter zu unterstützen. Doch vorerst galt es, das Flachdach des KP und den Zugang zu den Zielen freizuschaufeln, damit morgen geschossen werden konnte.

Brigadier Schindler Erol und Oberst Hotz Fridolin kauten beide mit zerknitterten Gesichtern an ihrer Brotkante und bissen zwischendurch in ein Stück *Emmentaler*. Auch vor ihnen dampfte je eine Tasse schwarzer Kaffee.

»Und Herr Oberleutnant? Haben auch Sie die Nacht gut überstanden?«, fragte der Gefreite Fetsch und hakte auf dem Klemmbrett Ammanns Namen ab.

Dieser zog eine gequälte Miene.

»Fühle mich ziemlich zerlegt. So ein, zwei Stunden mehr hätten es schon sein dürfen. Aber ich verzichte jetzt darauf, das Loch nochmals auszuheben.«

»Und, was sagst *du* zu unserem Logis, hier auf unserer heiligen Axalp?«, wandte sich der Brigadier dem Obersten zu, der mit der Hand vor seinen gähnenden Mund fuhr.

»Im Vergleich zum Schneeloch hat der KP hier mehr als fünf Sterne«, salbaderte der Oberst mit hängender Unterlippe. »Aber eine gute Erfahrung, die erst noch lebensrettend sein kann, war die Nacht dort unten auf jeden Fall.«

Ammann pflichtete nickend bei und gab noch einen drauf: So als Vorstufe zur Ewigkeit eigne sich das Schneeloch doch recht gut. Etwas wenig Widerhall habe er verspürt, ulkte er, während er einen Zwieback in den Tee tunkte und das Gebäck vor dessen Lahmen eiligst im Mund verschwinden ließ.

Bald stieß die nächste Gruppe mit eingefallenen Wangen und Augenringen die Tür auf und schleppte ihr Gepäck in den Raum.

»Damit wir eine geordnete Rückfahrt organisieren können, schlage ich vor, dass sich die erste Vierergruppe mit Fallschirmtasche und Notpaket nächstens auf den Weg zur Bergstation macht«, ordnete der Übungsleiter an. Er meldete deren Abmarsch ins Tal, als sich der erste Trupp, für die Bewirtung dankend, erhob.

Als sie ihre Nasen durch den Türspalt in die beißend kalte Luft hinausstreckten, begann es im Osten zu tagen. Es war windstill, der Rauch stieg kerzengerade hoch, und doch roch es fein nach verbranntem Holz. Die Sternenschar, vorher so klar gestochen, begann sich bereits zu lichten und der Mond präsentierte sich als abnehmende Sichel. Nach ein paar Schritten blieben sie stehen, genossen die Stille und zogen die frische Luft ein.

Wie eine Bergherde ragte im Norden die weiß gepuderte Rothorn- und Tannhornkette aus der Nebeldecke. Distanzen schienen in dieser trockenen Luft abgeschafft. Das Auge des *Grundseelis* lag ebenso in der Suppe wie das Lächeln des *Brienzersees*. Als wäre der Grimselgletscher noch am Vorbeikriechen, wand sich das Nebelmeer, einem Kraken gleich, mit all seinen Tentakeln bis in den hintersten Krachen, wo es an den Hängen und Nadelwaldsäumen festzufrieren schien. Sachte drehte der Planet das Gesicht der Axalp der Sonne zu. Während der Nachthimmel im Westen noch die Erde berührte, gloste es im Osten und Pilatus, Titlis und eine ganze Zeltstatt begannen, sich im biestmilchigen Himmel einzurichten.

Inseln im weißen Meer.

So musste damals die vergletscherte Landschaft ausgesehen haben. In Bergruhe und Erhabenheit gemeißelt, zeigten sich im Süden die Hörner zum Greifen nah: Gers-

tenhorn, Wetterhorn, Schreckhorn, Rosenhorn, Finsteraarhorn, um nur die bekanntesten zu nennen. Was für eine
berührend schauerliche Kulisse, aus dem Fels gesägt und
zu Diamanten geschliffen. Daneben, scharf umrissen, die
drei ganz Großen, die aus der Zeit gefallenen. In Weiß der
Mönch. Drohend schwarz und furchterregend die Nord-
wand des Eigers und sanft die Jungfrau, bei der Kälte, Farbe und Nacht eins geworden waren.

Wie unselig würde das Donnern der Jetturbinen und
das Stakkato der Bordkanonen diese Wahrheit in Bälde
wieder zerreißen, wie verschämt würde in ihr die vom
Menschen erzeugte Scheinwirklichkeit wieder verhallen.
Selbst hier oben gab es Zeiten für die Hirten, für die Wan-
derer, für die Soldaten und eine Ruhezeit für die Tiere.

Trunken von dieser saturnischen Entfaltung, welche
den General wie den abgebrühtesten Flachländer dahin-
schmelzen ließ, warfen die Männer die Fallschirmtaschen
über die Schultern und betraten, Ammann voraus, die von
den DMP-Männern bereits freigeschaufelte Spur, die auf
der sicheren Seite der Pultabdachung entlang zur Bergstation am *Tschingel* führte. Der Schnee knirschte, und
zwei Schritte rechts verschwand die Klippe trügerisch in
der Watte. Davon unbeeindruckt folgten die drei Kader-
leute hörbar schnaufend und Atemwolken ausstoßend
Ammanns entschlossenem Schritt. Vor dem Betreten der
Gondel schlugen sie den Schnee von den Sohlen, warfen
das Gepäck hinein, drehten sich, hielten den Atem an und
lauschten nochmals in die Bergruhe. Dann rätschte die
Tür zu, es läutete und in Bälde sank die Gondel mit den
fröstelnden Militärs durch den Rost in die aufblubbernde
Milch, die ihnen schlagartig die berückenden Bilder ent-

zog und bis kurz vor der Talsohle ausschließlich das Rattern beim Überrollen der Stützen gönnte.

Als ihr VW-Bus die Pistenachse kreuzte, tauchte aus dem Nebel ein dunkler Militärlastwagen auf, der einen Schneepflug vor sich herschob, und später, als die Offiziere vor der Kaserne ausstiegen, verrieten Brummen, Quetschen und Quietschen, dass die *Hasliböcke* mit Hochdruck und großem Gerät die Rollflächen für die *Dinos* freizuschaufeln versuchten. Ansonsten hielt Petrus den Flugplatz weiter verrammelt.

Als wolle er seine Haut von innen auswaschen, ließ Ammann die heiße Dusche geschlagene zehn Minuten über den Körper rinnen. Wie tat das warme Wasser gut, und die wohlige Wärme im *Fliegerstübli* und den Kaffeeduft und die rot-weiß karierten Tischtücher empfand er als geradezu himmlisch. Ofenfrisches Gebäck, Schwarzbrot, »Gipfeli«, »Weggli« wurden aufgefahren, dazu in kleinen Dosen abgepackte Butter und Konfitüren, weißes Porzellan. Alles so gut helvetisch, so auf hohem Niveau bescheiden, doch von bester Qualität. Sogar das freundliche Lächeln auf dem aparten Fräuleingesicht. Dass dem schönen Mund sanftes Hochdeutsch entsprang, störte nicht, im Gegenteil: Es wirkte hoch sympathisch. Auch ihre Kollegin, eine waschechte *Haslitalerin*, wie man rasch hörte, stand ihr nicht nach. Auch sie trug zum schwarzen Jupe eine weiße Bluse.

General, Oberst, Hauptmann und Oberleutnant griffen hungrig zu, bedankten sich mit freundlichen Blicken, während die Damen Kaffee nachschenkten, hängten ihr Ohr jedoch gleich wieder ans Radio, um mit süffisantem

Lächeln zur Kenntnis zu nehmen, dass Helmut Schmidt, der deutsche Verteidigungsminister, mit dem sogenannten Haarnetzerlass der Truppe erlaubte, lange Haare zu tragen. Da könnten sie ja *Kull* durchaus Schulterlänge zugestehen, schmunzelten sie. Vor allem aber erfreute sie der gute Wetterbericht, der bis Freitagmittag perfekte Bedingungen versprach.

Als die nächsten vier eintrafen, verabschiedete sich Ammann, ging in die Unterkunft zurück, zog sich aus, richtete den Wecker und schlief so tief, dass ihn weder Schneepflüge noch später eintreffende Kameraden störten.

Als sich die Staffel Punkt 11.00 Uhr im Theoriesaal mit der Obrigkeit traf, war der Missmut bei den meisten bereits Schnee von gestern. Man war mit sich zufrieden oder gar ein bisschen stolz, bei diesen garstigen Temperaturen die vergangene Nacht im Freien verbracht zu haben.

Kull nannte es zwar eine reine Demutsübung.

Der Gefreite Fetsch fasste nochmals die wichtigsten Punkte bezüglich Bau und Betrieb einer solchen Schneehütte zusammen. Zumindest habe die Staffel 22 auf der Axalp einmal andere Spuren hinterlassen, schloss er und wurde anschließend in seine Charge als Offiziersputz entlassen.

Der General bedankte sich für Einsatz und positive Einstellung und verkündete, dass Oberst Hotz und er diese Woche an einigen Schieß- und Luftkampfeinsätzen teilzunehmen gedächten. Dieses Vorhaben löste kein großes Entsetzen aus, kam es doch hin und wieder vor, dass einer von ihnen mitflog, um genügend Training zu haben, den Pilotenpuls zu fühlen und um auf die jährlich erforderliche Minimalstundenzahl zu kommen.

Am Nachmittag wurden die folgenden Meldungen besonders gut gestimmt aufgenommen: Flugwetter morgen makellos, die leichte Föhnströmung würde den Nebel über Nacht auflösen. Der Flugplatz sei ab morgen 08.00 Uhr betriebsbereit. Alle Rollwege und die Piste würden bis dann schnee- und eisfrei sein. Der Staffel stehen morgen fünfzehn flugbereite Hunter zur Verfügung. Der Schießplatz Axalp sei morgen ab 08.15 Uhr einsatzbereit.

Der Sportoffizier beabsichtigte, vor dem Eindunkeln im Laufschritt eine Besichtigung des Pistenzustandes vorzunehmen. Dazu sei die ganze Staffel aufgeboten.

Der Rest des Nachmittags diente der ausführlichen Flugvorbereitung und eines letzten detaillierten Briefings, damit die Flugzeuge morgen pünktlich übernommen werden könnten.

Kurz vor dem Einnachten rannten sie in lockerer Turnformation den vom letzten Schneerest befreiten Rollweg hinunter. Die Nebeldecke hatte sich etwas angehoben. Als sie die Wand ausmachen konnten, wo sich die Natur noch Zeit gelassen und sich vor Millionen Jahren am Fuße des Ballenberges der Dogger-Kalkstein der Wildhorndecke gefaltet hatte, waren die Gelenke bereits ausgiebig geschmiert. Auf der Piste nebenan kamen ihnen furchterregende, wie einem 007-Film entsprungene Ungetüme entgegen. Schwarzen Lastwagen hatte man über vier Meter lange, knapp über dem Boden rollende Hutzen vorgeschnallt. In diese Hauben hinein donnerten gewaltige gelbblaue Flammen und machten den letzten vom Pflug übersehenen Schnee- oder Eisresten den Garaus.

»Dinos, morgen geht's los!«, rief der Captain beim Anblick dieser Riesensaurier seinen Getreuen streng schnaufend zu, und nachdem er wieder Luft geholt hatte, beendete er seinen Ausruf mit: »Wer fliegt, verbindet sich mit den Göttern!«

»Aber bitte nicht zu früh!«, rief Drachenschwanz *Kull* zurück.

Duschen und endlich wieder einmal Hosen vom Bügel reißen. Ohne Zweifel würde es morgen einen ersten, sehr anstrengenden Flugtag geben. Es war auch höchste Zeit, vor oder nach dem Abendessen das erste Mal zu Hause anzurufen. Die eine der beiden kaum schallhemmenden Telefonzellen befand sich im Eingang zur Kantine. Und wieder versuchte ein Mechaniker, den Piloten den Speck durch den Mund zu ziehen: Rosamunde heiße die Neue im *Rössli* drüben. Attraktives *Schwarzwaldmädel*.

Der zweite öffentliche Sprechapparat befand sich zweihundert Meter westwärts in der eben genannten einzigen Beiz. Beide Telefone wurden von den Militärs intensiv genutzt. Der Besuch im *Rössli* war folglich beinahe ein Muss.

Dort stach dann Ammann den Finger in die Scheibe, nachdem der Gefreite Fetsch endlich die Zelle verlassen hatte. Dass Gefreite überhaupt telefonieren müssen, nein wirklich …

Zu Hause sei alles im Blei, beruhigte ihn Nina, bevor ihr Petra den Hörer entriss und das Neueste vom Schlittenfahren erzählte. Dann murmelte Dani unfertige Sätze in die Muschel, weil er, wie *John* dem Hintergrundkommentar der Frauen entnahm, immer wieder schauen wollte, was aus der Ohrmuschel floss. Nina übernahm noch einmal und rüffelte, dass die Generalität die Männer so verheize, als sie von der Übung »Iglu« vernahm.

»Ich liebe dich und du fehlst mir jetzt schon wieder unsäglich«, sagte sie leise und Ammann bekräftigte, dass sie ihm ebenfalls fehle, er sie über alles liebe, jedoch nächstens auflegen müsse, da draußen bereits wieder zwei Kollegen Faxen machten.

Dann betrat er die *Rössli*-Gaststube und nahm den »Haslitaler« vom Zeitungsrechen, setzte sich zu fünf Kollegen am runden Tisch und bestellte sich ein Bier. Nebenbei schaute er der Jassrunde über die Schultern, die gleich am zweiten Abend wieder zu den Karten Zuflucht genommen hatte. Dieselben läppischen Sprüche. Erstmals ging es wieder um Geld. *Kull* fächelte sich funkelnden Auges mit den Karten in seiner Linken Kühlung zu und fuchtelte, die Zigarette im Mundwinkel, mit der Rechten in der Luft herum. Es lief für ihn offensichtlich so gut, dass er bereits von einer weiteren Anschaffung schwärmen konnte. Nun seien an seinem Studebaker neue Reifen fällig, versuchte er seine Spielgenossen einzuschüchtern. *Astor, Fox* und *Chris* warfen sich verstohlene Blicke zu, und nicht nur sie hofften, dass der Drachenschwanz endlich einmal gründlich auf die Schnauze fallen würde.

»So habe ich es gern!«, sprach *Kull*, nachdem er wieder eine Runde für sich entschieden und enttäuschte Gesichter hinterlassen hatte. Noch während die Karten ausgeteilt wurden, krempelte er betont gelassen die Ärmel zurück, wodurch seine Goldkette am linken und der tätowierte *Coronado* auf dem rechten Unterarm richtig zur Geltung kamen. Dann leistete sich *Chris, Kulls* Schieber Gegenüber, einen groben Schnitzer.

»Lieber *Chris*, wenn man sein Ohr ganz sachte auf die heiße Herdplatte drückt, kann man sogar riechen, wie blöd man ist«, ermahnte er ihn sarkastisch. Das brachte *Chris* nicht aus dem Tritt. Er wartete auf seine Chance, die sicher noch kommen würde.

»Dem wirst du den Schneid schon noch abkaufen«, flüsterte ihm Ammann ins Ohr und bat ihn, die beiden Leutnants nächstens zum Aufbruch zu mahnen, damit *Geri* und er nicht geweckt würden.

Als die Chefin beim Kassieren bestätigte, dass die *Schwarzwälderin* heute freihabe, schlüpften die vom runden Tisch in ihre Mäntel und traten ins winterverzauberte Unterbach hinaus. Unter der einzigen Straßenlaterne funkelten dick mit Raureif überzogene Sträucher. Im Schulhaus nebenan waren die Fenster so schwarz wie die Nacht und nur in zwei Häusern brannte noch Licht.

In der Ebene draußen donnerten immer noch die Enteisungsfahrzeuge und *Geri* hoffte, dass die nicht die ganze Nacht durch fahren würden.

John zuckte die Schultern. »Die wissen auch, dass wir vor Flugtagen genügend Schlaf brauchen.«

Sie putzten die Zähne und amüsierten sich über die neuesten Botschaften, in denen sich Kollegen an den großen Boilern über die nicht immer zuverlässige Warmwasserversorgung mokierten: »Röhrt der Hirsch hinter der Föhre, hat es sicher Kalk in der Röhre«, war der neueste Eintrag eines Poeten.

Ammann machte vor 22.00 Uhr noch seine dreißig Liegestütze und legte sich danach ins Bett. Er war perfekt vorbereitet und es blieben ihm über acht Stunden Nachtruhe. Bald schlief er in Gedanken an zu Hause ein. Auch er war, wie die meisten Piloten, a priori ein guter Verdränger. Wenn ihn aber trotzdem ein Problem nicht in Ruhe ließ und ihm die Augen nicht sogleich zufallen wollten, taten sie es meistens schon nach der ersten AT-Ruheformel und ließen ihn ins Land der Träume abtauchen.

9

Um halb sieben, draußen war es noch stockdunkel, stand der Erste auf. Das Krachen und Knacken der Radiatoren, hervorgerufen durch das heiße Wasser, das die Ölheizung um diese Zeit in den Umlauf sandte, um den Eisblumen am Fenster der Garaus zu machen, war ein zuverlässiger Wecker.

Mit verschlafenen Gesichtern lösten sie sich vor den Pissoirs ab, betraten den Waschraum – Modell Vollzugsanstalt – tappten vor das eigene, mit der Zahnbürste markierte Lavabo, zogen im kalten Neonlicht erste Grimassen und griffen zu Apparat oder Klinge. Irgendeiner würde sich in Kürze mit tödlicher Sicherheit fluchend einen Schnitt abtupfen und im Spiegel, mit ebenso tödlicher Sicherheit, auf das mitleidige Grinsen eines Warmduschers und Elektrorasierers treffen.

Nach einer Viertelstunde schlüpfte auch der Letzte aus den »Bundesfedern« und schlug die braune Kultwolldecke mit dem roten Band und dem weißen Kreuz zurück. Auch Ammann zog sich nach dem Zwiebelschalenprinzip an: Zunächst den »Grabstein«, der, in Metall graviert, Name, Vorname, Geburtsdatum und Blutgruppe trug und im Falle der Fälle die Identifikation vereinfachen sollte, dann warme Unterwäsche, Armeehemd, grüngrauer Rollkragenpullover, Fliegeroverall, großzügig geschnitten, aber zweckmäßig, Fliegerschuhe eng geschnürt, innen liegender Reißverschluss, eingelegte Stahlkappe, um sich beim Schleudersitzabschuss die Zehen nicht abscheren zu lassen. Mütze auf, Fliegerjacke, die zu dieser Jahreszeit nicht am Fingerhaken über den Rücken gehängt wurde. Und gleich trottete er mit Kumpanen, die Hände tief in die Taschen der sich aufplusternden Combi gegraben, zwischen halbmeterhohen Schneemaden Richtung Kantine.

John Ammann, mit zuversichtlichem Gefühl aufgestanden, brauchte eigentlich nie einen speziellen Grund für seine gute Laune. Er setzte sich als Erster an den Tisch und wurde gleich von seinen drei mit ihm fliegenden Kameraden flankiert.

»Na dann, viel Vergnügen!« Rickenbacher hatte bereits gefrühstückt, setzte seine *Calobar* auf und zog augenblicklich von dannen, damit er mit der Luftseilbahn beizeiten hochfahren und sich auf dem KP, in seine dicke Felljacke gehüllt, wieder hinter Feldstecher und Winkelgitter klemmen konnte.

»Kaffee, die Herren?« Ammann ergriff die Kanne und schenkte ein. Ein anderer goss heiße Milch dazu, für *John* stets gesiebt. Schon das kleinste Hautfetzchen würde bei ihm Brechreiz verursachen. Vor allem die beiden Jungen, die das Menü noch nicht auf seinen Nährwert studieren mussten, griffen munter zu. *John*, ihr »Pate«, warf ihnen einen freundlichen, beinahe liebevollen Blick zu. Allein aufgrund ihrer Qualifikationen genossen sie bereits sein volles Vertrauen.

Die Stimmung beim Frühstück vor dem ersten Flugtag war unbelastet. Fliegen war für die Staffel alltäglich. Die Liebe zu ihren eleganten Maschinen war so tief wie das Meer. Sie war so groß, dass man meist nur liebevoll von ihnen sprach und, zumindest anfänglich, ohne Weiteres unter ihrem Flügel geschlafen hätte. Doch für solche Vorhaben hatten weder Väterchen Frost noch die Fliegerärzte Verständnis. Mindestens sieben Stunden Nachtruhe, und zwar in einem Bett, schrieben sie vor. In welchem, ließen sie jedoch offen.

Und wenn wieder jemand den letzten Flug hatte und den Verband verlassen oder sogar ins Gras beißen musste, flossen Tränen, versteckt zwar, aber ausnahmslos. Doch heuer war das nicht vorgesehen, sollte und durfte nicht der Fall sein. Unfall, Absturz und Tod? Auch das kein Thema während des Flugbetriebs. Das geschah nur anderswo und anderen, und am Samstag war Abtreten.

Man war ausschließlich bestrebt, das Handwerk auf möglichst präzise und effiziente Weise auszuüben. Das war der ethische Maßstab. Ergo wollte jeder Einzelne von ihnen treffen und als Nebenprodukt die dritte Dimension ausloten und die Schweiz aus ungewohnten Perspektiven erleben, was sonst niemandem in dem Maße vergönnt war.

Die Jahre hatten sich zwar noch nicht gerade um *John* Ammann, den Überflieger, angehäuft, aber er war mit seinen knapp sechsunddreißig mittlerweile zum »Staffelgreis« und Beichtvater gereift. Er würde mit Sicherheit Ende des Jahres die Staffel verlassen müssen. Das nahm er nicht so leicht, aber es erlaubte ihm, auch seine Kameraden und den Betrieb aus größerer Distanz zu betrachten. So ertappte er sich hin und wieder, wie er, genüsslich kauend, mehr als früher zuhörte und die Selekta unauffällig beobachtete. Auch heute wurde wenig, und wenn, nur gedämpft geplaudert. Privilegiert ja, doch abgehoben fühlte sich niemand, fand Ammann. Nein, für extrem linke

Themen hatte in der Fliegerstaffel 22 kein Einziger etwas übrig. Noch nie hatte er jemanden über Träume, Ängste oder psychische Probleme sprechen hören. Seelische Wetterumschläge waren des Teufels, darüber wurde ebenso wenig gequatscht wie über Träume, Albdrücken oder Schwermut. Eher hätte man jäh in die Luft gegriffen und den Himmel wegzuziehen versucht.

Weshalb?

Jeden Stein hatten die Psychiater im fliegerärztlichen Institut umgedreht. Ein Pilot war diesbezüglich so durch die Mangel gedreht worden, dass er wusste, was es hieß, seelische Defekte zu haben. Selbst über die eigene Familie wurde wenig geredet. Man kannte sich, kannte die Verhältnisse, that's it. Man war durchwegs etabliert, bis auf den, der den Überblick über seine Liebschaften, wie er behauptete, schon längst verloren hatte.

Mit gewisser Süffisanz verfolgte Ammann, wie Habenichtse das nächste Lebensziel zu realisieren versuchten. Meistens drehte es sich um das Eigenheim. Planung und Bau dieses Traums ergaben genügend Gesprächsstoff. Man war sich zwar bewusst, dass sich die Schweiz nicht ausweiten ließ, doch Landfraß war ein unbekanntes Wort. Ja, selbst diese Phase hatte *John* Ammann bereits hinter sich. Er lebte mit seiner Familie in einem komfortablen, man könnte sagen standesgerechten Haus.

Dann warf er wieder einen Blick auf *Fox*, den Jüngsten, dunkelhaarig, sechsundzwanzig, sympathisch, von draufgängerischem Ungestüm. Wie würde er sich im Flugzeug verhalten? Ansonsten bot die *Dino*-Staffel, wie andere, wenig Auffälligkeiten. Keiner war schwerleibig. Keiner trug einen Pferdeschwanz oder ein Haarnetz im Bett.

Bart, Sandalen? Nada. Die Hälfte trug Schnauzer seit der Fliegerschule. Alle waren sportlich, schlank, intelligent, topmotiviert, waren von gesundem Ehrgeiz getrieben und von stabilem Selbstbewusstsein durchdrungen. Weder klagte einer über eine Fliege im Glaskörper des Auges noch über Gehörschäden oder Niesanfälle. Niemand log jemandem die Hucke voll. Keiner stand auf verkrüppelten Füßen, alle hatten noch ihre zehn Finger und erfüllten, da handverlesen und aufgrund der exakt gleichen, harten und prägenden Ausbildung, die geforderten fliegerischen Standards. Keiner fiel in irgendeiner Richtung aus der Rolle, und erst bei genauerem Hinsehen entdeckte man unter dem auf Hochglanz polierten Lack der Fliegerstaffel verschiedene Gesichter und unterschiedliche Strukturen.

Mit drei Ausnahmen waren alle Copiloten oder Captains bei Swissair. Rang- und Bildungsunterschiede fielen, bei allem Respekt davor, nicht auf. Im Flugzeug schon gar nicht. Was wirklich zählte, waren die Leistung, die Beherrschung der Kunst des Fliegens sowie Treffsicherheit und Kameradschaft. Ein außerordentlich talentierter Pilot hatte seinen Stellenwert in einer Staffel, selbst wenn er vom Format her eher unauffällig oder beruflich Postbeamter oder Landwirt war.

So ausgeglichen sich die pilotische Software präsentierte, so existierten, wie schon erwähnt, unterschwellig doch unsichtbare Verbindungen oder Vorlieben, sei es, weil man in derselben Fliegerschule monatelang gelitten hatte oder anderweitig verbandelt war. Einem Einzelgänger wie *Kull* war solches suspekt. Der wortgewandte Zürcher reinsten Wassers war stolz darauf, im Schwellkörper der Nation, wie er die Stadt am blauen See nannte, zu leben.

Er, von eher kleiner Statur, liebte es, dass sich fast alles um ihn drehte und er wie ein Dream Dancer hart an der Grenze operieren konnte. Dem begnadeten Piloten und ausgezeichneten Schützen wurde das, wenn auch nicht immer herzlich, zugestanden. Wenn er nicht rauchte, kaute er irgendein Hölzchen und pflegte generell ein schamloses Mundwerk. Er war der Einzige im Pulk, welcher es sich erlaubte, sogar am frühen Morgen schon zu zündeln. Im Verborgenen rieb er sich stets an Ammanns soliden fliegerischen Qualitäten und vor allem an dessen Charisma und anerkannter Sozialkompetenz. Ammann, heute Primus inter Pares, war vor Jahren als neuer Staffelhäuptling gesetzt, verzichtete jedoch zugunsten von Jakob Kieser, der wiederum dem älteren ehrgeizigen Mitbewerber *Kull* vorgezogen wurde. Das war für diesen eine herbe Niederlage. Und dann war noch die Geschichte mit *Johns* Schwester. In seinen Augen war Ammann ein schiefer Romantiker. Was *Kull* allerdings noch nicht kennen konnte, waren Ammanns Pläne, ihn noch diese Woche zu entzaubern zu versuchen. Diese andauernde Machtprobe wollte Ammann ein für alle Mal entscheiden, selbst wenn er dazu einige Risiken eingehen müsste.

Während der Große Bär verblasste, begann sich der wolkenlose Himmel über den Kreten des Hasliberges bläulich zu verfärben. Ameisen gleich, zogen Flugzeugschlepper Maschine um Maschine aus dem Berg in einen winterverzauberten Tag, bugsierten sie millimetergenau auf den Abstellplatz, den die »Hasler« liebevoll ihre »Platte« nannten.

Endlich zeigte sich die Schweizer Flagge wieder am Mast.

Heute, mit Beginn des Flugbetriebs, griff der militärische Stundenwurf noch gründlicher, erforderte einen noch effizienteren Umgang mit der Zeit. Alles war durchgeplant, durchgetaktet.

Kontrollverlust? Fremdwort.

Das Motto, »so einfach den Tag wie jeden anderen zu nehmen«, funktionierte hier nicht.

Um halb acht traf sich die Staffel im Theoriesaal Süd zum »Meteobriefing«, gehalten von Leutnant *Astor* Leu. Seine Charge bedingte, eine Viertelstunde früher aufzustehen, um sich im Startbüro ins Bild zu setzen. Für heute war die Botschaft einfach: stabiles Hoch, zumindest bis übermorgen.

Kieser drehte die Tafel, ergriff einen Stab und erläuterte das Tagesprogramm. Noch während er sprach, erschien der Hallenmeister auf Zehenspitzen auf dem Plan.

»Nun kommt der Wichtigste! Herzlich willkommen«, begrüßte Kieser ihn und bat ihn gleich nach vorne. Der Meister der DMP überbrachte die Flugzeugnummern in der Reihenfolge, wie sie auf der Platte draußen aufgestellt waren.

»Fünfzehn Hunter, drinnen haben wir noch fünf mehr auf Lager, einen *P-2,* zwei *P-3,* einen *AT-16,* und für Kaltduscher ziehen wir auch den *Bücker Jungmeister* aus der Hangarecke hervor. Ihr könnt also die nächsten drei Tage fliegen, bis euch die Ohren wackeln«, sprach er, grüßte und eilte gleich wieder davon.

»Abgesprochen mit der Bereitstellung …«, führte Kieser weiter aus, »… fliegen wir in drei Wellen à vier Flugzeuge mit einem Abstand von dreißig Minuten. Das ergibt bei diesem ambitiösen Programm vier Flüge pro Pilot und Tag. Diese straffe Planung können wir nur durchziehen, wenn sich alle strikt an den Zeitplan halten und die Maschinen weder zu spät übernommen noch zu spät abgegeben werden. Viel Zeit, um nach dem Pflichtprogramm überschüssiges Petrol in eine Kür umzulegen, wird leider kaum drinliegen.

Die Verbandszusammensetzung belasse ich für heute fix. Führer der Doppelpatrouillen sind Ammann, ich selbst und Kull. Ab morgen rotieren wir dann so, dass jeder einmal zum Führen kommt. Die beiden hohen Gäste habe ich wunschgemäß eingeteilt.

Die Aufgaben sind bekannt: Axalpschießen im Wechsel mit Luftkampf. Die mittleren Arbeitsräume ›Entlebuch‹ und ›Wetterhorn‹ sind für die ganze Woche gebucht, wobei das Schießen klare Priorität hat.«

Als horchten sie mit, lugten drüben auf der Platte bereits die wie mit der Schnur gezogenen Haifischflossen der fünfzehn *Hunter* hinter den hoch aufgeworfenen Schneewällen hervor.

Dann legte Kieser das Tagesziel fest: »Schießübungen erfüllen, im Luftkampf Fortschritte erzielen, und nun Hals- und Beinbruch!«

Für die Formation Ammann hieß es, Schießen mit der ersten Tankfüllung, dann Luftkampf. *John* gab das Zeichen zum Aufbruch. Es reichte gerade noch für ein kurzes Wasserlösen, dann begaben sie sich zu ihren Kleiderschränken, wo sie wortlos ihre Anti-*g*-Anzüge vom Haken nahmen, den Wanst einzogen, die breite Bauchkammer oben und unten einhakten, das massive Steckteil durch den Gleiter bis ins Endteil hinunterfuhren und dann den Gleiter bis ans obere Ende zogen. Dacapo für beide Beine, nur wurde dort der Verschluss zwischen die Oberschenkel gesteckt und der Gleiter anschließend bis zu den Knöcheln hinuntergezogen. Verschlüsse, die den Piloten nie im Stich ließen. In Minutenschnelle standen alle vier in ihrer nadelgrünen Scherenschnittmontur da. Obwohl diese über den Overall getragenen *g*-Anzüge anfänglich einengten und drückten, empfand man sie im Flug als angenehm und hilfreich. Die aufblasbaren Kammern verhinderten in engen Kurven ein allzu starkes Absacken des Blutes. Dadurch konnte die Beschleunigung ohne Weiteres auf das Sechs- bis Siebenfache der Schwerkraft aufgebaut werden, ohne dass der Pilot das Bewusstsein verlor. Um den Sitzkomfort zu verbessern, hatte der Hersteller Knie-, Gemächt- und Gesäßpartien ausgeschnitten. Dadurch erinnerte der Anzug unweigerlich an Cowboy-Leather-Chaps. Spätestens dann, wenn beim Anpassen die normalerweise abgedeckten Verschnürungen mit Kraft festgezurrt wurden, bekam man Mitleid mit den in ihren Korsetts schmachtenden Rokokodamen.

Das Letzte, bevor sich Piloten zum Flugzeug begaben, war die Befehlsausgabe. *John* Ammann wiederholte die wichtigsten Eckwerte, die unter anderem Auftrag, Paarungen, Flugzeugnummern, Decknamen, Arbeitsräume und vor allem die wichtigen Funkaufrufe enthielten. Wenn jemand nicht ansprechbar war, passierte nämlich außer verzweifeltem Händeringen gar nichts. Wenn einer wegen eines »Technischen« umsteigen müsse, starten die restlichen drei ganz normal und der Pechvogel hänge sich später auf der Schießvolte hinten an. Er schloss mit: »Nun schmeißen wir den Riemen auf die Orgel!«

Sie schlüpften in ihre Lederjacken, setzten die Schiffchen auf, zogen die vom Schneeschaufeln lädierten Ziegenlederhandschuhe an, aus denen bereits vereinzelt die Finger an die Luft schauten, ergriffen Helm und Maske und marschierten Richtung »Turm«, in welchem sich, hochwassersicher abgehoben, Flugdienstleitung und Startbüro befanden. Diese wichtige Dienststelle erreichte man über Treppe und Terrasse, welche – nur einen Steinwurf von der Kaserne entfernt – an ein schmuckloses chaletähnliches Häuschen mit Holzläden und quadratischem Grundriss angeklebt waren. Lieblos hatte man dem Häuschen, das ohne Weiteres auch als Bunker hätte dienen können, rittlings neben dem Kamin einen Glaskasten auf den Giebel gesetzt. Dort oben versuchte »Meiringen Tower«, seine Schäfchen an der Strippe zu halten. Im Hochparterre bimsten die Piloten die neuesten Wetter-, Gefahren- und Sperrzonenkarten, steckten ihre Nasen in kürzlich per Telex eingetroffene Wettermeldungen und orientierten sich über den Pistenzustand, der für sie infrage kommenden Flugplätze. Damit sie in die Luft kamen, mussten sie strikt nach Prioritäten vorgehen. Der grau beschürzte Flugsicherungsbeamte nahm die rosarote Fluganmeldung entgegen und kabelte unverzüglich flugrelevante Daten wie Pilotennamen, Flugzeugnummern, Start- und Landezeit und so weiter an alle interessierten Flugsicherungen.

Die Quadriga stopfte sich die *SelecTone*-Lärmstöpsel in die Gehörgänge und hastete durch die klirrende Kälte zum gut hundert Meter entfernten Anfang der Flugzeugkette. Während von der Brünig-Seite das Sonnengold triefte, darbte die über dreihundert Meter lange Platte nach wie vor ganztags am Schatten. Schon rückte hinter den Schneewällen die erste torpedoförmige Flugzeugnase mit dem schwarzen Radartupfer ins Bild, gefolgt vom

Cockpitdach, das von einem sich nach hinten verjüngenden Grat abgelöst wird, der letztlich in die elegante Haifischflosse des Seitensteuers übergeht. Die ganze Erotik, die schon im Stand an der Schallmauer zu rütteln schien, ruhte auf zwei großen, schmalen, flügelgerechten Haupträdern und einem massiven Bugrad. In der Tiefe der in die Flügelwurzel platzierten Einlassschächte lauerte die *Rolls-Royce-Avon*-Turbine. Unter den Flügeln hingen zwei tropfenförmige Zusatztanks und aus dem linken Flügelende reckte sich fast obszön und lanzenförmig die geheizte Staudrucksonde.

Und so ruhten die fünfzehn metallischen *Dino*-Vögel in voller Größe, Rumpf an Rumpf, fast traulich stumm und unbehelligt, so ungefährlich und unangemessen friedlich grinsend, buntscheckig und doch blitzblank geleckt und stellenweise schon wieder von Väterchen Frost verzuckert. Selbst die nahen Felswände schienen die im Schatten ruhenden Diven zu bewundern.

Hawker Hunter, wahrscheinlich das schönste, sicher aber das sinnlichste je gebaute Flugzeug. Nach *Skys* Unfall glaubte Ammann, die Kampffliegerei hätte für ihn ihren Zauber verloren. Lege dort oben dein Flugzeug auf den Rücken, und schon wird sich deine Mundstellung ins Positive drehen, redete er sich zu.

Sie blickten sich nochmals kurz in die Augen, bevor *Fox* auf die erste Maschine zuschritt. Dann löste sich der Zweite, der Dritte und schließlich kam auch *John* bei seiner J-4028 an.

Die Zuteilung war gewollt so, dass den untergebenen Rottenkameraden etwas mehr Zeit bis zum Funkaufruf zur Verfügung stand.

Als Ammann nun auf *seinen Hunter* zuging, zu ihm hochschaute und es nach dem Aphrodisiakum Kerosin roch, kochte sein Flugwunsch augenblicklich wieder hoch. Ach, was hatte dieses Flugzeug für eine trunken schöne Linie, weshalb hatte dieses vermaledeite Ding soviel Optimismus gepachtet. Selbst der Belag der Platte war so griffig und sauber, als hätte es nie Schnee gegeben und als wären hundert Putzfrauen am Werk gewesen.

»Hallo *John*! Willkommen in diesem gottverdammten Schattenloch!«, begrüßte ihn Franz, der bis zur Nase vermummte Mechaniker, den man von Emmen hierher abkommandiert hatte, und als hätte sie es gehört, begann die Sonne, den Pistenanfang abzulecken.

Wir reichen uns die Hand, ich übergebe ihm den Helm, verstaue die Mütze unter dem Overall auf der Brust und klopfe an den unter dem Flügel hängenden Zusatztank: randvoll. Franz klettert die gelbe Leiter hoch, hängt den Helm über das obere Ende, reicht mir die Beingurte, die ich unter jedem Knie festschnalle. Keine Spur mehr von Frösteln, selbst das Betasten des eiskalten Metallrumpfes verursacht Hochstimmung. In Kürze wird mich dieser *Hunter* in den Äther katapultieren, wird mir höchste Glücksgefühle verschaffen und ich werde mit ihm ringen, damit er mich nie auflaufen lässt. Flugwunschtrunken, paarungsgetrieben, selbst wenn ich sterben müsste, ich klettere zügig hoch. Spute dich, *John*, dein *Sohn* nebenan ist schon angebunden. Auf der obersten Sprosse greife ich unter das solide Plexiglasdach, ziehe den Splint der oberen Schleudersitzsicherung heraus und stecke die rote runde Plakette ins Ledertäschchen am Sitzkopf.

Erste drei Checks: Staurohrschutzhülle und Ansaug-schachtdeckel sind entfernt. Anti-g-Anlage zwischen 1800 und 2000 psi. Schleudersitzsicherung oben entfernt.

Dann sofort mit dem rechten Fuß auf das von den vielen Piloten- und Mechanikersohlen getretene Sitzkissen, mich drehen, mich mit beiden Händen am metallenen Dachrandbogen festhaltend beherzt, wie in einen Schuh, in ein englisch geordnetes Durcheinander hinunterschlüp-fen. Urplötzlich stecke ich in einer wie zufällig hingeworfenen Ansammlung von Rundinstrumenten, filigranen Schaltern, Griffen und Hebelchen, die sich, zum Teil gelb, blau, rot oder weiß bemalt, vom schwarzen Grund abheben.

Diese miniaturisierte Dampflok- oder U-Boot-Romantik soll als Schnittstelle zwischen Mensch und Maschine dienen? Was haben die sich dabei nur gedacht? Wie soll ich mich da einbringen und dieses Wirrwarr einigermaßen Logik und Struktur unterwerfen und mit diesem »Karsumpel« bis zu Stratosphäre und Schallgrenze vorstoßen? Und da kommt noch so ein Hohlkopf und lässt alles, was nicht gerade unter Glas ist, französisch beschriften? Trotz der Kälte riecht es gleich wieder vertraut nach Lack, Petrol, Öl, Leder und Schweiß. Es duftet wild-tierisch nach *Hunter* und umfasst mich mit Wohlsein. Ein Duftbäumchen wäre hier völlig fehl am Platz. Ich begrapsche für die eine Sekunde nur den so angenehm in der Hand liegenden multifunktionalen Steuerknüppel und den so viel Lust versprühenden multifunktionalen Leistungshebel. Ab sofort wird nun nichts mehr befingert, ohne das Hirn vorzuschalten, und vor allem muss es wie ein geölter Blitz vorwärtsgehen.

»Sackkalt im Haslischlitz«, klönt Franz, während er die rechten Fallschirmschultergurte bereithält.

»Schon Ende der Woche wird sie sich eurer erbarmen«, antworte ich, noch während ich in die Fallschirmgurte schlüpfe und einen Blick auf die Piste hinüber werfe, wo frech ein Nebelschleierchen in der Morgensonne segelt.

»Bis dann bin ich zum Glück nicht mehr hier, da herrscht doch der echte Kalte Krieg!«, flachst Franz und reicht mir Gurt um Gurt, mit denen ich mich wie ein Käfer auf dem Schleudersitz festzurre und das ganze Konstrukt am Schluss so über dem Solarplexus festziehe, bis es schmerzt und mir der Fahrtwind im Falle eines Abschusses weder Arme noch Beine abreißen könnte.

Schleudersitz unten entsichern!

Bin nun mittels beider Griffe auswerfbar.

Sitzhöhe, Seitensteuerpedale einstellen, Druckluftschlauch des g-Anzugs mit der Pressluftflasche verbinden, alle Steuer auf freie Beweglichkeit prüfen, Franz reicht den Helm, aufsetzen, Sauerstoff- und Notsauerstoffschlauch anschließen, Franz verbindet das Funkkabel und ich checke, dass der Haupthorizont an der Notbatterie hängend funktioniert und dass im UHF-Funkgerät die richtige Frequenztrommel steckt.

Nun folgen weitere sechs Kontrollpunkte gemeinsam mit dem Mechaniker, bevor er mich pflichtgemäß ins Bild setzt: Maschine flugbereit, vollgetankt, Kanone 2 mit dreißig Schuss geladen, Funk angeschlossen, Schleudersitz unten und oben entsichert. Dann klopft er mir auf die Schulter, schiebt das Dach nach vorne und wünscht guten Flug.

Ich bedanke mich, klinke die Kupplung zum Elektromotor ein, gebe Strom, schließe das Cockpitdach elektrisch, hänge mir die Maske ins Gesicht und atme, ziehe erst einmal richtig tief feines, eiskaltes Sauerstoffgemisch ein. Nichts gleicht dem autistischen Gefühl, wie eine Sardine luftdicht in dieses Behältnis eingeschlossen zu sein, und noch während dich einzelne Schauzeichen wie Katzenaugen anglotzen, zusehends in dieses Flugzeug hineinzuwachsen.

Nebenan liegt *Astor* mit gesenktem Kopf tief in der Checkliste. Mein Mechaniker läuft mit der Leiter weg.

Mach vorwärts, *John*!

Ich fahre fieberhaft, aber konzentriert fort, die Harfe zu stimmen, dem *Hunter* Leben einzuhauchen, stets darauf gefasst, dass mir das System Finten auftischen könnte.

Jeder Handgriff muss mich meinem Ziel näherbringen.

Und schon zischt es unmittelbar neben mir ohrenbetäubend. Mein Schatten, den wir *sohn* nennen, startet sein Triebwerk, und gleich lassen auch die anderen beiden neben ihm – der *due* und der *due sohn*– an. Eine gute Minute noch und ich bin durch, öffne Niederdruckhahn, ziehe die Klinke unter dem massiven Leistungshebel, schiebe diesen fünfundzwanzig Millimeter über die Leerlaufstellung, damit ist auch der Hochdruckpetrolhahn offen, Stegschalter hoch, das gesamte Netz ist nun unter Strom, ich hebe den Daumen, Franz bestätigt, dass draußen alles frei ist, ich drücke den Starterknopf, warte auf das Wunder, das sich in diesem Bauch vollziehen wird. Der Starter macht einen verächtlichen Pups, dann schnarcht der *Hunter* wie ein Blasebalg. Will nicht fliegen. Ich schalte auf hundert Prozent Sauerstoff, um die hochgiftigen Isopropylnitratabgase des Starters nicht einzuatmen.

Nach einer Minute versuche ich es nochmals.

Hallo, ich will fliegen, und zwar gleich, jetzt, also bitte!

Nachdem auch der zweite Versuch fehlschlägt, gebe ich dem Mechaniker das Daumen-tief-Zeichen, schalte den Funk ein und rufe meine Kollegen auf Welle 35 auf: *»Bambini Dino 1!«*

»Sohn.«

»Due.«

»Due sohn.«

»Dino uno hat Startprobleme. Wechsle auf Reservemaschine.«

»Dino due übernimmt den Verband, bis später.«

»Due capito.«

Noch während ich die Checkliste rückwärts bete, holt mein Unterführer die Rollbewilligung ein, erhöht seine Drehzahl, das Pfeifen steigert sich über Sirren, weinerliches Winseln und Schluchzen ins Unerträgliche, er rollt grüßend und den behelmten Kopf schüttelnd vor mir durch, das kernige Fauchen geht in rollendes Grollen über. Dann donnern die beiden anderen davon. Endlich kommt Bewegung in Meiringens Taubenschlag, und dabei habe ich es mir in meinem Sitz bereits so gemütlich gemacht. Ich stelle den Hauptschalter auf aus, raste das bereits leicht beschlagene Dach aus, schiebe es von Hand nach hinten, löse alle Gurte, sichere den Schleudersitz unten, dann oben und springe behände von der Leiter. Als der Hinterste weg ist, ziehe ich den Helm ab, ein Jeep jagt herbei und fährt Franz und mich im Abgasrauch der Turbinen ans oberste Ende der Reihe.

Mittlerweile werden die Fischrümpfe meiner Kollegen von der Sonne erfasst und glänzen, als wären sie eben dem Wasser entsprungen.

»Diese verdammte Saukälte«, keucht der Fahrer, und erst jetzt spüre ich, wie sie auch mir in die Knochen kriecht. Doch die gegenüberliegenden Hänge beweisen, dass es die Sonne immer noch gibt. Dann erschüttert ein Donner wie ein Bergsturz das Tal. *Geri* und *Fox* lösen die Bremsen und poltern mit Vollschub davon. Dreißig Sekunden später jagt *Astor*, mein *sohn*, hinten nach.

Wie ein geölter Arsch besteige ich *J-4069*, die Reservemaschine. Dieser *Hunter* wurde 1964, während der Landesausstellung in Lausanne, monatelang geduldig auf Betonpfeilern ausharrend, zum Fotosujet von Millionen. Er lässt sich nach gleichem Prozedere problemlos starten, und bald strömt warme Luft aus den Bohrungen der Verrohrung in mein Kabäuschen.

Ich hole die Rollbewilligung ein, das Triebwerk dreht fiepend und winselnd hoch, und rolle zum Pistenanfang. Wenige Meter entfernt führt der Bauer Jauche aus; riecht man, selbst im *Hunter-Cockpit*. Alles funktioniert makellos, der Anflug ist frei, der Pistenwart lässt mich auflinieren, ich erhöhe die Drehzahl auf 4500 Umdrehungen pro Minute, rudere mit dem Knüppel wie in einem Teigtopf, Servosteuerung hält, Sauerstoff, Treibstoff okay, Airconditioning voll heiß, damit weder Kabinendach noch Instrumente beschlagen, Heizung für das Staurohr ein, welches die selig machende Geschwindigkeit gegenüber der Luft abfühlt, künstlichen Horizont checken, Gyrokompass mit der Pistenrichtung vergleichen, Dauergrünlicht vom Pistenwart, alle fünfundachtzig Punkte durchgecheckt, Drehzahl erhöhen, bei 6800 Touren müssen die Bremsen das Flugzeug noch halten können, Bremsen lösen, Leistungshebel an den Anschlag, Vollleistung.

Draußen werden sich nun Donner und Echo überschlagen, die schiere aus dem langen Schubrohr geschleuderte Luftmasse schiebt mich weich, aber unerbittlich an und wird dem Nebelchen im Rücken noch den Rest geben. Ich spüre den angenehmen Druck auf das Gesäß, das Triebwerk hinter mir jault und tobt. Bei 230 km/h hebe ich das Bugrad leicht an, bei 260 km/h verabschiedet sich das Hauptfahrwerk von der Piste. Die fest gefügte Erde, auf die wir uns verlassen können, sinkt rasch weg.

Räder bremsen, hinein!

Landeklappen, hinein!

Leistung auf Drehzahl »gelb« reduzieren. Endlich wieder einmal in der Luft, im weiblichen Element, das für mich als Piloten immer noch eine beinahe surreale Faszination ausübt. Dem Unerhörten zusteuern. Lautlos schleift wunderbare, sich andauernd verändernde Welt an der Cockpithaube vorbei, doch es bleibt mir keine Zeit, sie zu bestaunen. Ich lasse rechts das Riff des Ballenberges zurück und werde wie von Geisterhand aus der Kulisse des Haslitals über den Tellerrand der Talbewohner getrieben. Das Heulen des Triebwerkes, das mich mit geballter Urkraft hochstemmt, vermischt sich mit dem Rauschen der Airconditioning. Das winterschläfrige Tal und der See versinken, der Blick weitet sich, Jurazüge werden zum neuen Horizont.

Am Apex des Kabinenbogens sehe ich neben Stoppuhr und Notkompass meinen übergroßen weißen Helm im konvexen Spiegel. Ein dunkles Visier, eine olivgrüne Sauerstoffmaske, verkleinerte Schultern, ein Insekt, auf einen Schleuderstuhl geheftet. Wie beim Tauchen überkommt mich eine ungewohnte Ruhe, ein Aquariumgefühl. Ich bin eins mit den Bergen, mit der Schweiz, mit der Welt, aber im Flug zu träumen, ist eine unverzeihliche Sünde. Über mir entdecke ich einen Kollegen auf der Schießvolte. Ich rufe *Claudia*, den Schießleiter, auf Welle 35 auf, erhalte die Bewilligung, hinten anzuschließen, zunächst Zielanflug, ohne Munition. Ich bin nun über der Schrattenfluh und der Dritte meldet Tannhorn.

Ah, dort ist er, folge ihm!

Ich überprüfe die Helligkeit des Zielgerätes und folge *Astor* mit ungefähr zwei Kilometern Abstand. Es geht alles unglaublich schnell. Ausgangshöhe, Geschwindigkeit 720 km/h, Tannhorn, Brienzersee, Zielgebiet in Sicht, der seitliche Abstand von vier Kilometern stimmt, Richtpunkt stimmt, *Astor* kippt vor mir ab, ich nähere mich 45° zur Angriffsachse, kurz vor 90°, melde *avanti*, gehe in Messerlage links und ziehe in einer 90°-Kurve mit 4g so auf das Ziel hinunter, dass es auf einem 20°-Winkel abwärtsgehen wird, Beschleunigung drückt mich in den Sitz, bis der Visierkreis das *Grätli* erreicht und ich loslasse, das Kreuz, das mit der Flugzeugachse gleichzusetzen ist, stoppt just auf dem Ziel, aufrichten, Druck im g-Anzug lässt nach, einpendeln, Wind erfliegen, Distanz schätzen, zwei Kilometer, Drehzahl 6800 U/Min. stimmt, Geschwindigkeit nimmt normal zu, 1500 Meter, Balken des Kreuzes leicht oberhalb des Ziels anlegen, 1200 Meter, Schussdistanz, Funkknopf drücken, sauber visieren, »einundzwanzig, zweiundzwanzig« abzählen und gleichzeitig das Fadenkreuz ganz fein an den unteren Zielrand drücken, Ende Schussdistanz, sofort mit 4g abflachen, degagieren nennen wir das, Minimalhöhe über Ziel stimmt, Schießleiter bestätigt: »*Angriff okay, nächstes Mal mit Munition!*«, ich bin bereits horizontal über dem *Grätli*, nun wieder abtauchen, Messerlage links und weg in den Felsspalt des *Urserli* schlüpfen.

Mein Puls beginnt sich zu beruhigen, das *Hinterburgseeli* ist zugeschneit, zwei Sekunden nur, dann ist es schon wieder Geschichte, auf Voltenhöhe steigen, zwei Kollegen kommen mir links oben entgegen, Vordermann in Sicht, er ist kurz vor dem Eindrehen, Petrolvorrat sieht gut aus, Waffe auf dem Drehschalter auf Kanone setzen, kurz rekapitulieren, Haltepunkt war wahrscheinlich aufgrund des erflogenen Windes im Endanflug richtig, links eindrehen, 3g, Manipulationen repetieren, Elemente (Höhe, Geschwindigkeit, Drehzahl) überprüfen, 45°, *Astor* meldet *avanti*, noch ein paar Sekunden, durchschnaufen, Messerlage, mit 4g auf das Ziel hinunterziehen, Kreuz aufsetzen, sauber visieren, nicht schieben, ruhig, *John*, nur ruhig atmen, Sicherheitsdeckel am Steuerknüppel hochklappen, Abzugstaste springt nach unten, entsichert, ganz ruhig, atmen, Zeigefinger an den Abzug legen, 1500 Meter, 1200 Meter, Schuss! Die *Aden*-Kanone unter mir wuchtet bullernd eine Handvoll Schüsse aus dem Rohr, es tönt, wie wenn man mit dem Auto über einen Kuhraster rollt, nach einer guten Sekunde sehe ich sie im Schnee einschlagen.

Sieht gut aus, degagieren.

»*Tre, leicht rera*«, meldet der Schießleiter. Abflachen, ins Urserli abtauchen und im Felsband verschwinden. Resultat deckt sich mit dem, was ich gesehen habe, wieder hochziehen. Die Schüsse lagen rechts anliegend, es hat etwas weniger Wind als erwartet, korrigieren! Meine drei Vorgänger machen Zielanflüge ohne Munition. Petrol checken und das Prozedere wiederholt sich noch weitere drei

Male. Das Schießresultat stimmt: 3, 4, 4, 2, Übung erfüllt. Die beste Note ist 4 oder *quattro*.

Ich schließe sofort zu *Astor* auf, im Spiegel beobachtet er, wie ich heranschlüpfe. *Dino uno* befiehlt den Wellenwechsel und meldet nach dem Kontrollaufruf den ganzen Verband bei Meiringen zur Landung an. *Astor* reduziert die Drehzahl, schaut mich an, fährt die Sturzflugbremse aus und ich tue es ihm gleich. Ich sehe, wie bei ihm der massive Hydraulikarm die an den Rumpf angeschmiegte Klappe beinahe im rechten Winkel in den Fahrtwind stemmt. An meinem Rumpf hinten geschieht dasselbe, wodurch sich unsere Formation nicht verschiebt.

Schweiß rinnt von Stirnband und Kopfhörern. Die Geschwindigkeit baut nun rapide ab. Das Flugzeug bleibt stabil und vibriert kaum. Ich klebe an *Astors* rechter Seite. Die anderen beiden sind zwei Kilometer voraus und ich sehe sie just über eine Krete im Talhang abtauchen. *Astor* hebt den Daumen, wählt Landeklappen Stufe 1, zieht die Luftbremse ein und ich arbeite die Checklistpunkte vor der Landung ab. Ein heißer Föhn streichelt meine Maske und dringt unter dem Blendschutz zu meinen Augen hoch. Es riecht nach erhitzter Luft. Dann hebt *Astor* seinen Helm an, gibt mir eine Sekunde Zeit, damit auch ich mit dem Finger an den Fahrwerkknopf fahren kann, die Geschwindigkeit liegt unter der weißen Marke, sprich bei 460 km/h, *Astor* senkt den Kopf, wir drücken gleichzeitig den Fahrwerkwählschalter, die Räder fahren aus, alle drei Anzeigen werden rot, dann grün. Wir rutschen über die bewaldete Kante in ein kleines Tal hinab, er beginnt einzudrehen, wendet mir dadurch seinen silbernen Bauch zu. Seinen Helm kann ich gerade noch über der Flügelwurzel sehen, Geschwindigkeit 400, *full flaps*, wie mit dem Messer gezogen fährt unten die milchig graue Aare durch, er richtet fein auf, die Piste liegt präzis vor uns, wir haben bereits auf 300 km/h abgebaut, nähern uns der Pistenschwelle, ich spüre, dass *Astor* die Leistung fein reduziert, die Geschwindigkeit nimmt weiter ab, ist nun gelb, 295, alles stimmt, er nickt als Zeichen für *power off*, wir nähern uns rasch dem Asphalt, leicht abflachen, meine Pistenhälfte halten, fein ausfliegen, damit ich noch vor der gelben Vierhundert-Meter-Marke aufsetze, Eierlandung, ich sehe *Astor* im Augenwinkel, meine Hand geht an den Schalter für den Bremsschirm, seine Klappe über dem Konus öffnet sich, ich betätige sofort den pilzförmigen Schalter, sein Hilfsschirm springt heraus, reißt den großen mit, und während sich sein Bänderschirm neben mir öffnet, fallen wir beide sanft in die Gurte. Bugrad landen, Bremsen prüfen, wir verzögern gemeinsam, als wären wir zusammengeschraubt. Pistenende, Schirm abwerfen, der Wart rennt auf uns zu, um ihn zu bergen, wir sind auf Rollgeschwindigkeit, alles in Ordnung, um die Piste verlassen zu können.

Ich öffne das Dach einen Spaltbreit, schließe es aber gleich wieder. Es ist immer noch beißend kalt. Manipulationen nach der Landung. Wir rollen gefühlt gemächlich zwischen den Schneewällen ostwärts, Platte, die Mechaniker winken uns ein, und noch während wir unseren Hunter wunschgemäß und exakt auf der gelben Linie parken, beginne ich mit den letzten Handgriffen und unterbreche, nachdem das Triebwerk eine Minute im Leerlauf gedreht hat, mit dem Leistungshebel die Petrolzufuhr, wodurch die Turbine abstirbt. Nachdem die letzten zehn der 116

160

Manipulationen abgehakt und die Schleudersitzsicherungen montiert sind, steige ich aus. Unten haben die Männer bereits eine große Blechkanne mit Trichter herbeigeschleppt, um des Hunters Pipi aufzufangen. Fleißige und geschickte Hände machen sich an den Eingeweiden zu schaffen.

Wieder auf dem Betonboden, atmete Ammann erst mal durch, unterschrieb, dass das Flugzeug in Ordnung war, bedankte sich, ergriff den Helm und eilte zu seinen Kollegen, die, um sich nicht zu erkälten, bereits auf dem Weg Richtung Kaserne waren.

»Das wäre der erste Streich«, meldete sich Ammann schnellen Atems zurück. Keine Mitteilung auf der Wandtafel, Handschuhe von den Fingern zupfen, Helme deponieren und ab in die Kantine. Bei Mineralwasser und Kaffee steckten die vier etwas abseits die Köpfe zusammen. Ammann übernahm die Besprechung des Fluges, der, abgesehen von seinem Flugzeugwechsel, problemlos verlaufen war. Auch die Resultate seien für einen ersten Schießflug im Jahr erfreulich gut, stellte er fest.

»Nun zur Befehlsausgabe für den nächsten Einsatz«, fuhr er fort. Thema Luftkampf. »Wir starten in der ersten Formation, fliegen Richtung unseres Arbeitsraums, wo wir uns in zwei Patrouillen aufteilen.

Auftrag: Training des defensiven Luftkampfmanövers *Yo-Yo*. Das Ziel fliegt einen zwei-g-Kreis und versucht, den Jäger, der mit großer Geschwindigkeit angreift, durch Hochziehen zum Vorschießen zu bringen. Die Führer beginnen als Zielflugzeug und nach drei bis vier *Yo-Yos* wechseln wir.«

So schnallten sich die vier diesen Vormittag zum zweiten Mal in ihren Jägern fest und stiegen, nachdem alle problemlos angesprungen waren, Richtung Interlaken in ihre Arbeitsräume hoch. Brienzer- und Thunersee blieben in dunkler Tiefe zurück, als Ammann auf Welle *Bravo* die Flugleitung Emmen aufrief und die Freigabe der beiden Räume einholte. Zwischen 6100 m/Meer und 8500 m/Meer waren diese geografisch klar abgesteckten Trainingsreviere für die nächste Stunde exklusiv für sie reserviert und höhenmäßig völlig vom Schießbetrieb auf der darunter liegenden Axalp getrennt.

Ammann gab *Geri* alias *Dino due* mit seinem *sohn* das Okay, sich Richtung Wetterhorn abzusetzen, und begann zur Einstimmung unverzüglich, als Zielflugzeug auf sechseinhalbtausend Metern große Vollkreise zu ziehen. Um sich im Sitz leichter drehen und die Angriffe von *Astor* besser verfolgen zu können, lockerte er seine Schultergurte. *Astor* stach aus 7500 m/M an, um seinen Führer nach einer optimalen Visierstrecke abschießen zu können.

»*Vorhalt und Winkelgeschwindigkeit zu groß, konnte dir nicht folgen, ich ziehe gleich wieder hoch und versuche es erneut!*«, meldete *Astor*. Ammann hatte verfolgen können, wie es den Angreifer hoffnungslos aus dem Kreis getrieben hatte. Wie einem Gepard die Antilope, weil er deren Fluchtbahn falsch eingeschätzt hatte, war *Astor* das Ziel durch die Lappen gegangen.

»*Dino uno sohn, nicht zu früh in den Kreis hineinziehen, dann wird es funktionieren*«, korrigierte Ammann. Diesmal drehte *Astor* richtig ein und kam zum Schuss. Tatsächlich waren, wie die spätere Auswertung des Zielfilms ergab, die nächsten drei Angriffe erfolgreich.

»Dino uno sohn nun YO-YO!«

Ammann drehte etwas enger, wodurch sich die Beschleunigung leicht erhöhte, und wehrte nun den primären Angriff leicht ab, und während *Astor* zum sogenannten *YO-YO* hochzog, um die angesammelte Energie in Höhe umzuwandeln und dank der abfallenden Geschwindigkeit engere Radien fliegen und nachstechen zu können, zog Ammann abrupt hoch, um *Astor* erneut zum Vorschießen zu zwingen. Das gelang und Ammann rief zur neuen Bereitstellung auf. Nach zwei weiteren Angriffen befahl Ammann den Rollenwechsel. Eine halbe Stunde später rief er *Astor* zu sich, zog zwei vertikale Schleifen in die Luft, um zu testen, ob sein *sohn* ihm folgen konnte, während er in diesen engen *Loopings* mit bis zum Sechsfachen seines Eigengewichts in den Sitz gepresst wurde. *Astor* blieb hart auf fünf Metern dran.

»Tolle Arbeit!«, lobte Ammann.

»Camille«, meldete *Astor* kurz darauf trocken, dass sein Petrolstand 1000 Pfund (lbs.) pro Seite betrug. Zeit abzubrechen, um noch zu landen, bevor die gelben, prominent im Sichtfeld liegenden Reststandlampen ihm Löcher in die Netzhaut brannten. Ammann reduzierte die Leistung und sank steil Richtung Brienzersee ab. Nun ging alles im Höllentempo. Die Geschwindigkeit von gegen tausend Kilometer pro Stunde musste vernichtet werden, Speed Brake aus, in Emmen ab- und in Meiringen anmelden, unter der Schießvolte durchpfeilen und an der Pyramide des Tannhorns vorbei ins Seebecken hinunterstechen.

»Dino one, you are number one, report downwind«, meldete der Tower. *Geri* meldete sich, aus seinem Raum

»Wetterhorn« kommend, über der »Scheidegg« zur Landung an und fädelte mittels voller Volte hinter *Dino one* ein.

Es war gegen halb elf, als das Quartett verschwitzt zügigen Schrittes auf den Theoriesaal zusteuerte. Die Flugbesprechung ergab, dass alle vier die vorgesehenen Luftkampfmanöver erfolgreich durchführen konnten und sie nach mehr Übung sicher beherrschen würden. Keine kritischen Situationen, keine technischen Defekte, man konnte zur Administration übergehen und die Flüge für den Nachmittag vorbereiten.

10

Der Gefreite Fetsch war längst wieder in die Niederungen des Alltags abgestiegen und zog Leintuch um Leintuch straff, klemmte Wolldecke um Wolldecke unter die Matratze und wetzte dann mit dem Staubsauger durch die Zimmer. Gegen Mittag waren auch die Waschräume und WCs sauber. So konnte er sich nach dem Essen in Ruhe auf die Bärenhaut legen. Später, nachdem ihn das Donnern startender Maschinen geweckt hatte, hängte er sich an eine Doppelpatrouille, die sich zu den geduldig in Reih und Glied wartenden Flugzeugen begab.

»Wie verabschiedet man sich bei euch vor einem Einsatz? Hals- und Beinbruch oder so ähnlich?«

»Schon«, sagte *Geri* Gut wortkarg. Gedanklich war er bereits in der Luft, flüsterte aber seinem Mechaniker noch etwas ins Ohr.

»Also, schönen Flug«, wünschte Fetsch, worauf Gut kurz seine Mundwinkel hochzog und sich der Flugzeugübernahme widmete.

Der Mechaniker bat Fetsch zur Seite und nahm ihn, nachdem die vier weggerollt waren, mit zum nächsten *Hunter*, öffnete dessen Dach und forderte den Gefreiten auf, einzusteigen. Ungläubig und mit großen Augen bestaunte er die Seele des Jägers. Er fand das schwarze Interieur wie frisch geteert, wäre jedoch, wie er sagte, am liebsten ebenfalls weggeflogen.

»Kann ich gut nachfühlen«, sagte der Mechaniker. Auch er habe mit diesem Wunsch leben lernen müssen. Nachdem er noch per Jeep zum Pistenwagen gefahren wurde, um einen Start aus einer anderen Perspektive genießen zu können, verflogen die anfänglichen Bedenken an diesem Dienst endgültig. Er erkannte sogar einen Sinn darin und war erst noch sein eigener Herr und Meister. Alsbald hörte er wieder Starteraggregate zischen und nach wenigen Minuten rollten die vier *Hunter* im unverwechselbar sirrenden, zischenden und höhnisch keuchenden Sound daher. Eine dissonante, harte, schneidende, ja geradezu spitze Klangfarbe für die einen, eine Mischung aus Wagner, Beethoven und Mozart für die anderen.

Der Pistenwart gab mit seiner Hohlspiegellampe intermittierendes Grünlicht. Für ihn hatte man speziell auf einem grauen Dodge eine gelbe Kiste aufgebaut und diese mit einem Plexiglas-Schiebedom gekrönt, in den er seinen Oberkörper hineinquetschen konnte. Mittels seiner grünen oder roten Hohlspiegellampe gab er visuell die Start- und Landebewilligung.

Der *leader* erhielt blinkendes Grünlicht. Anflug und Piste waren für ihn frei, um mit seinem *sohn* in Startposition zu rollen. Ungeduldig begannen die Turbinen aufzuheulen, sich bis ins Unerträgliche zu steigern, Steuerflächen schlugen aus, Bugräder knickten ein, hinten stob der Schnee in die Höhe, Grünlicht, Kopfnicken des Führers, ins Orchester mischte sich das zwerchfellerschütternde Donnergrollen, als würden die Felswände einstürzen, die beiden rollten im gräulichen Toben an, langsam zunächst, zunehmend schneller werdend, sich in aufquellender Hitze verflüchtigend, eine Wolke von verbranntem Kerosin hinterlassend. Noch bevor sie die Piste verließen und sich von der Erdrinde lösten, hatten die nächsten beiden bereits Position bezogen, Kopfnicken, und auch sie wurden von den 4,5 Tonnen Standschub der beiden *Rolls-Royce*-Triebwerke seewärts geschoben, und auch dieses Duo schmolz sich gediegen in den Orchesterklang der Vorgänger, auch sie kümmerten sich nicht um den schwefligen Atem, den sie hinterließen.

Inzwischen nahm der Pistenwart die gelben Gehörmuscheln vom Kopf und hieß den schlotternden und niesenden Fetsch in seiner Einsiedelei willkommen. Es sei halt etwas eng bei ihm, dafür aber angenehm warm. Früher habe es ihn auch in der Nase gekitzelt, doch an den Kerosinduft gewöhne man sich. Aus dem Lautsprecher drangen Funkgespräche, ein Heizlüfter rauschte.

»Und wie gehen die Menschen und Tiere auf den umliegenden Bauernhöfen mit diesen Jets um?«, fragte Fetsch.

»Man hat sich arrangiert. Heikel wird es erst, wenn die vereinbarten Betriebszeiten nicht eingehalten werden oder nachts geflogen wird. Diesbezüglich sind die Verhältnisse ähnlich wie bei Schießplätzen. Wir tun das Menschenmögliche für ein gut nachbarschaftliches Verhältnis.«

Man könnte es gemaßregeltes Schweigen nennen, das herrschte, als Ammann, Kull, Gut und Artho die Reißverschlüsse ihrer g-Anzüge zuzogen. Dabei hatten ihnen weder der Wind noch der Häuptling oder sonst ein Drachenschwanz diese Stille auferlegt. Jeder war mit sich selbst beschäftigt.

13.00 Uhr führte Ammann mit seinem Verband das Briefing durch, um Punkt 13.30 Uhr starten zu können.

Für den ersten Flug am Nachmittag hatte *John* Ammann *Astor* gegen *Kull* ausgetauscht. Er musste ihn sich, an sich ungern, für die nächste Luftkampfstufe zur Brust nehmen, damit sie beide ihre Ausbildungsfunktionen fachgerecht wahrnehmen könnten. Der unterschwellige Grund war aber auch, den ehrgeizigen *Kull*, nicht zuletzt auch dem Korpsfrieden zuliebe, mitzuziehen. Eine Situation, die für den Nonkonformisten eher entwürdigend war.

Kull fühlte sich Ammann überlegen, massiv überlegen sogar, und die zweite Geige zu spielen, lag ihm gar nicht, aber was blieb ihm anderes übrig, als sich zu fügen. Doch Neid war eine starke Schubkraft.

Die Wetterbedingungen entsprachen nach wie vor dem Bilderbuch. Das Programm wurde um den *Sisor* erweitert. Die Ausgangslage war dieselbe wie beim vorherigen Flug: Der böse Feind greift mit großer Geschwindigkeit aus Überhöhe an und wird durch eine Abwehrkurve zum Vorschießen gezwungen. Während sich dieser mittels Kurvenwechsel wehrt, versucht das Ziel, den Wechsel mitzufliegen und die Geschwindigkeit unter 550 km/h zu reduzieren. Das Ganze endet unweigerlich in einem hahnenkampfähnlichen *Slowfight*. Die Annäherung von seitlich dreißig und vertikal zehn Metern, so die Vorschrift, darf nicht unterschritten werden, forderte Ammann nochmals imperativ.

Schon während des Briefings kaute *Kull* nervös an einem Zahnstocher herum und nützte jeden kleinsten Fehler, um diesen vor Ort augenblicklich zu korrigieren. Die Fluganmeldung füllte selbstverständlich ein »Unterhund«, sprich der *due sohn* aus, während *Kull* diesem, am Hölzchen kauend, über die Schulter schaute. Selbst auf dem

Weg zum Flugzeug biss er noch auf seinem Stocher herum, bis er ihn dann endlich in den Schnee warf.

Kaum eingestiegen, zischte sein Triebwerk, das er nach eigener Checklisten-Reihenfolge startete.

John Ammann wurde den Verdacht nicht los, dass er dadurch bereits ein paar Pfund Kerosin loswerden wollte, um im Luftkampf einen kleinen Gewichtsvorteil zu erzielen. »Hölzli« war jeder Trick zuzutrauen, auch der sanfte Psychoterror, bereits zu Beginn bei seinen »Gegnern« Zeitdruck zu erzeugen.

Sie starteten talaufwärts und trennten sich kurz nach Innertkirchen in die beiden Zweierverbände auf. Ammann drehte mit *Kull* im Schlepptau kurz vor dem Grimselsee rechts, Richtung Finsteraarhorn. Nach der Freigabe stieg *Kull* weiter, während Ammann zweitausend Meter über dem Eiger den Vollkreis links einleitete, und schon ging's los. Wie ein Adler stieß *Kull* auf sein Ziel hinunter, verfolgt von Ammann, der sich mit gelösten Schultergurten, soweit Sitz und Cockpitverglasung es zuließen, drehte und just kurz vor Schussdistanz den Kurvenradius so verengte, bis er im Rückspiegel sah, wie *Kull* mit einem Affenzahn und ausgefahrener Luftbremse hinten durchsauste, worauf Ammann augenblicklich die Kurve wechselte, nun *Kull* rechts mit Landeklappen in Startstellung vorschießen und brüsk gegen ihn eindrehen sah, ebenfalls Klappenstufe 1 wählte, und es erforderte gerade noch einen Kurvenwechsel, bis Kull ihm in voller Größe ins Visier und damit ins Kamerabild lief.

»*Finito!*«, kommentierte Ammann trocken.

»*Okay*«, antwortete *Kull* mit gereiztem Unterton und stieg wieder für den nächsten Angriff hoch. Während der folgenden drei Versuche gewann *Kull* einmal und nach dem Rollentausch blieb das Resultat ausgeglichen und damit die Kirche im Dorf.

Im nächsten Teil der Übung flogen sie beide in Linie auf exakt gleicher Höhe mit exakt gleicher Geschwindigkeit von 550 km/h, was für den *Hunter* ziemlich langsam war. Auf »Los« begannen sie nun beide augenblicklich, in Schussposition einzudrehen. Schneller gesagt, als getan. Der sogenannte *Low-Speed-Sisor* endete unabwendbar in einem erbitterten Kampf, indem jeder die Landeklappen ausfuhr und brüsk gegen den anderen eindrehte, den Leistungshebel an den Anschlag schletzte, zurückkriss, das Triebwerk jaulte und tobte, der Kollege flog mit ungeheurer Winkelgeschwindigkeit voll aufgestellt, die Schweizerkreuze zum Greifen nah, dem anderen durch die Frontscheibe, und das Flugzeug zeigte den Unwillen durch heftiges Schütteln an, und schließlich wäre die Rettung aus dieser Pattsituation nur die Flucht in die Senkrechte, um mit Vollleistung zu versuchen, sich so um die nächste Felswand zu winden, dass der andere keine Ruhe zum Schuss herstellen konnte. Doch diese Flucht wurde dem tendenziellen Verlierer erst im nächsten und letzten Angriff zugestanden. Und so zog der angezählte *Kull* den Kopf auch aus dieser Schlinge. Aus 7000 Metern drehte er mit Vollschub schlagartig auf den Rücken, zog die Klappen ein und donnerte senkrecht auf das Jungfraujoch zu, schoss mit einem Tausender so nahe an der Eigernordwand vorbei, dass jeder zufällig dort arbeitende Kletterer augenblicklich einen Herzstillstand erlitten hätte. Die Grosse Scheidegg wurde den beiden zugeworfen, *Kull* meldete die zwei zur Landung an, und so bogen sie in Minne um den

Ballenberg und landeten auf der 07. Jede Landung musste fein werden, peinlich fein, Ehrensache.

Für den vierten Flug des Tages führten Ammann und Kull je wieder einen Verband zum Luftkampftraining an. Die beiden kamen zwar weniger zum Schießen, konnten aber die *Dogfight*-Techniken kompetent weitervermitteln und überwachen.

Der erste Flugtag endete ohne spezielles Vorkommnis, wenn man davon absah, dass einer in den Bunker geschossen hatte. In diesem Betrieb konnte man wenig vertuschen. Jeder saß, bar seines Ranges, im Glashaus; alles war transparent und wurde im Interesse der Sicherheit augenblicklich berichtigt. Und wenn der Schießleiter nach einem Durchgang fluchte, war sofort klar, wer, wieso und warum.

Bei der Besprechung im Plenum gab der Staffelkommandant gleich Ammann das Wort, welcher die Luftkampfübungen Revue passieren ließ und nochmals auf Schlüsselstellen hinwies.

»Bedenkt, dass wir als Erdkämpfer hier erst am Anfang sind und diese wichtigen Grundfiguren noch viel Übung erfordern. Also üben, üben und nochmals üben. Morgen gehen wir bereits eine Stufe weiter, bleiben aber immer noch in der Defensive und nehmen die Verteidigungswalzen nach oben und unten dran.« Er warf die beiden Manöver mit Diabildern auf die Leinwand und erklärte sie.

Es klopfte und Schießleiter Rickenbacher betrat den Raum.

»Bitte Jakob, all yours!«, schloss Ammann ab und bat ihn nach vorn.

»Aus meiner Sicht verlief der Schießtag, vor allem für den ersten in diesem Jahr, erfreulich. Die Korrekturen, die ich anbringen musste, hielten sich in Grenzen, mit Ausnahme der einen. Jedenfalls hat es im Bunker ziemlich Kleinholz gegeben, nicht wahr, Fridolin?«

Das Schmunzeln der Staffelpiloten erlosch gleich, als sich Oberst Fridolin Hotz erhob.

»Nun, drei Streifen halten offensichtlich, vor allem in einem Flugzeug, nicht vom Deppen ab. Ich entschuldige mich in aller Form«, demütigte er sich selber.

»Solange du morgen nicht auch noch uns auf dem KP ins Visier nimmst, sei dir für heute vergeben!«, entlastete Rickenbacher den Regimentskommandanten.

»Morgen verschießen wir zusätzlich zu den Kanonengranaten noch Raketen auf die orangerote Vier-mal-vier-Meter-Eisenplatte in der Wand. Wie viel ist die Schussdistanz und wo kann sie überprüft werden?«, fragte er und zeigte auf Leutnant Artho.

»Tausend Meter, und die erreichen wir kurz vor dem Grat.«

»Korrekt, und den überfliegt ihr mit rund fünfzig Metern im Horizontalanflug. Auch hier gelten die zwanzig Meter als absolute Minimalhöhe.«

»So, nun ab unter die Dusche!«, schloss Rickenbacher.

»Halt!«, gebot Kieser grienend, »hier befehle immer noch ich!«

»Gilt natürlich nur für mich, was ihr macht, ist euer Bier«, empfahl sich der Adjutant.

Bei dieser Kälte unter einer dampfenden Brause zu stehen, entlockte jedem ein zufriedenes Summen, und es trat ein splitternackter Luftschiffer nach dem anderen auf den

Holzrost und rieb seinen schweinchenroten Leib ab. Keiner interessierte sich für des anderen Gemächt. Die Hemmung, sich pudelnackt zu begegnen, hatten sie schon in der Rekrutenschule abgelegt.

Zum Nachtessen wurde Schinken mit Kartoffelsalat aufgetischt. Dazu gab es in der Kantine Mineralwasser, nie Alkohol. Das Essen schmeckte durchweg sehr.

Wenn geflogen wurde, waren die Abende in der Regel frei. Die ganz Süchtigen folgten kurz nach dem Essen *Kull* wie die Ratten dem Fänger von Hameln. Dieser kaute nervös am Hölzchen und hängte im *Rössli* drüben bald eine Zigarette in den Mundwinkel. Betont lässig griff er nach den Karten und das alte Spiel begann von Neuem. Wieder andere verzogen sich in die Kegelbahn zu einem Schub.

Ammann begrüßte seine Frau von der Kantinentelefonkabine aus mit »Hallo Schatz!«. Kaum hatte sie »*John?*« ins Mikrofon gehaucht, hörte er im Hintergrund die beiden Kinder streiten.

»Wie du hörst, läuft hier alles rund. Wie geht es nun aber dir, lieber Schneemann? Hoffentlich hast du dir keine Erkältung zugezogen?«

»Das hätte gerade noch gefehlt. Bis anhin hat niemand geklagt und jeder war heute viermal in der Luft.«

»Nicht einmal ein Bad könntest du zurzeit mit mir nehmen«, so Nina. »Über der Wanne hängen Winterkleider zum Trocknen. Die Kinder können von der herrlichen Kälte gar nicht genug bekommen.«

»Und vor meiner Nase hängen nach wie vor die Worte ›Fasse dich kurz, nimm Rücksicht auf Wartende!‹ Ich könnte dich folglich nicht einmal in meine Zelle einladen«, scherzte er, »und draußen, wo man eh jedes Wort versteht, schneidet bereits *Geri* Grimassen.«

Ammann trommelte mit den Fingern auf die beiden verchromten Glocken auf dem schwarzen Kasten, derweil er kurz von seinen Flügen berichtete und dass er sich wie ein Kind auf das Wochenende freue.

»Aye, aye, Sir! Pass auf dich auf!«, verabschiedete sie sich.

Ammann murmelte: »Bereits wieder zwei, drei Grad kälter geworden«, als er mit Leu, die Hände in den Taschen, zum Theoriesaal zurückhuschte, um den heutigen Tag nach- und den morgigen gut vorzubereiten. Nur was im Kopf minutiös auseinanderdividiert und wieder zusammengesetzt worden war, konnte er im Jettempo sicher abrufen und fehlerfrei umsetzen. So funktionierte Ammann und deshalb war er auch ein so guter Pilot. Dann war noch der Theorieblock durchzuackern, den er morgen Abend erneut zu bestreiten hatte. Und last, but not least las er zur Entspannung noch drei Seiten im Roman »Der Gehülfe« von Robert Walser.

»Pronto?«, rief ihm *Astor* zu. Diesmal zogen sie Mantel und Handschuhe an, setzten den Hut auf und klickten den Dolch ein, bevor sie in ihren Bottinen der Straße zustrebten. Der Atem kondensierte, kaum hatte er Nase und Mund verlassen. In der Beiz, dem einzigen, deshalb stets gut besuchten Luderplatz der Gegend, hingen blaue Schwaden unter neuen rot-weiß karierten Lampenschirmen und am Wandtäfer klebte der Tabakteer von Jahrzehnten. Es roch nach Frites, Rauch, Kuhmist und Schweiß. Am runden Stammtisch klammerten sich schwielige Hände bärtiger

Männer an den grünen Fuß ihrer Römer. Man gönnte sich nach Stall oder Feuerwehrprobe noch einen Schluck Roten. An zwei Tischen wurde Karten gespielt. Am einen hatten vier Militärs ihre Jacken an den Stuhl gehängt und stierten mit ernsten Mienen in ihr Blatt. Einige schauten ihnen sitzend oder stehend über die Schultern.

Ganz allein saß Fetsch am Nebentisch vor einem Bier. Er fixierte Ammann und forderte ihn, als sich ihre Blicke einmal trafen, mit freundlicher Miene auf, sich zu ihm zu setzen. Ammann hatte Durst und bestellte sich eine »Stange«, so nannten sie das offene Bier im schlanken Glas.

»Spricht keinen hiesigen Dialekt«, flüsterte Fetsch Ammann zu, als er feststellte, wie dieser die Servierfrau musterte.

»Bock!«, tönte es vom Jasstisch her.

Flink wie ein Wiesel packte *Kull* mit verrutschter Krawatte und geschickten Händen alles ein und begann zu zählen. Wieder schien der Gleiche abzusahnen.

»Hallo, lieber *Kull,* dieser Stich gehört doch noch uns?«, traute *Fox* sich zu wehren. *Kull* zögerte, musste ihm dann aber recht geben.

»Corriger la fortune, nennt man das«, schnorrte er sich locker heraus.

»Ich glaube an Egon Kull, den Allmächtigen …«, seufzte *Chris* und verzog seinen Mund, worauf *Kull* jammerte, dass ihm gegen Bewusstlose zu spielen einfach keinen Spaß mehr mache.

»Zum Wohl Herr Oberleutnant!«, sprach die kurzbeinige Servierfrau, die behände das Bier brachte. Aus kleinen geröteten Augen schaute ihn das fettleibige und knollennasige *Schwarzwaldmädel* wohlwollend an. Ihr Mund rettete gerade mal das Gesicht. Obwohl gut gebuchtet, konnte sie wohl eher ihre Freundlichkeit, denn ihr Äußeres ummünzen. Noch während sich Ammann bedankte, ergriff Fetsch das Glas und prostete ihm zu.

Ammann, müde und deshalb wenig redselig und auf Nähe aus, nahm zwei große Schlucke und wischte sich den Schaum vom Mund.

»Paah, so fühlt man sich gleich besser«, ächzte Ammann und setzte ein knappes Lächeln auf.

»Bier tut einfach gut«, bestätigte Fetsch. »Herr Oberleutnant, darf ich Ihnen eine technische Frage stellen?«

»Ja?«

»Weshalb landen einige Piloten mit und andere ohne Bremsschirm?«

»Das ist weitgehend Pilotensache. Hängt von Landegewicht, Anfluggeschwindigkeit, Wind, Pistenlänge und -beschaffenheit ab. Mit noch viel Restpetrol an Bord, nasser Piste, leichtem Rückenwind und zu lang geratener Landung ist es sicher ratsam, den Bremsschirm einzusetzen.«

»Öffnet man den Schirm nicht, muss er auch nicht gefaltet werden«, bemerkte Fetsch.

»Richtig. Einbauen, auflesen, reparieren und wieder falten, das alles kostet Mannstunden«, sagte Ammann, und noch bevor das Gespräch einzuschlafen drohte, fragte Fetsch weiter und weiter, und weshalb man meistens zu zweit starte und lande, und Ammann erklärte geduldig, dass man in selber Zeit doppelt so viele in die Luft oder an den Boden bringe und der Start zu dritt bei einem Pneuplatzer wegen der Pistenbreite zu riskant sei und weshalb man den Zweierverband »Patrouille« nenne und den Vierer »Doppelpatrouille«, und dass man sich in der Mehrzahl gegenseitig wirkungsvoller schützen könne, ganz abgesehen von der erhöhten Feuerkraft. Er erklärte ihm, wie sie bei schlechtem Wetter vom Radaroperateur in den verdammt engen »Haslischlitz« hinuntergesprochen würden. Je weiter und je mehr sich Ammanns Stange leerte, umso ungemütlicher wurde es ihm, und doch konnte er sich nicht erklären, weshalb er so lange quasselte. Fetsch war doch kein ekliger, distanzloser Typ. Nur bekam der feinfühlige Ammann den Eindruck, dass dieser Fetsch mehr über die Militärfliegerei wisse, als er angab. Irgendwann flocht Fetsch völlig unmotiviert das Wort »*Paco*« ein. Ammanns Puls stockte für einen Wimpernschlag, wonach er gelassen seinen Kopf in Richtung Spielrunde drehte und schwieg.

»Bock!«, bellte einer der Aeronauten und schmiss seine Karte in die Runde.

»Ein eigenartiges Bild«, staunte Fetsch.

»Wie meinen Sie das?«, wandte sich Ammann wieder an ihn.

»Tagsüber Kampfpilot und abends friedlicher Bürger, nicht anders als Bauer, Kaminfeger oder Bürogummi.«

»Alles nur Menschen«, antwortete Ammann lapidar.

»Aber doch ziemlich spezielle Menschen …«, fuhr der Gefreite nachdenklich fort, »… wenn man sich vorstellt, welche Feuerkraft so ein *Hunter* in sich vereinigt und was für Elend man damit anrichten kann …« Ammann zuckte die Achseln und schwieg. »Glauben Sie übrigens, ein Krieg ließe sich mit Ihren furchterregenden Kampfflugzeugen gewinnen?«

»Wir sind eine reine Verteidigungsarmee und müssen keine Kriege gewinnen. Es genügt, wenn wir abschrecken,

Angriffe abwehren und dem Gegner empfindliche Schlä-ge austeilen können. Dazu, so glaube ich, sind wir in der Lage.«

»Hm«, so Fetsch. »Haben Sie nicht den Eindruck, Herr Oberleutnant, zu unseren mechanisierten Verbänden gehörten noch andere Truppengattungen?«

»Du abgefeimter Hund, du! Das werden wir schon noch ausgleichen!«, schimpfte einer, der offensichtlich dieses Spiel und damit einiges Geld verloren hatte.

»Zum Beispiel?«, fragte Ammann zurück und entgeg-nete, bevor Fetsch antworten konnte: »Haben wir nicht jene Couleurs von Infanteristen, Grenadieren und bei je-dem Wetter kletternde und schießende Gebirgsspezis wie Sie?« Ammann zeigte auf Fetschs Hochgebirgsabzeichen. Als dieser aber im urwüchsigsten Berner Oberländerdia-lekt weitersang und von Vietnam und einer fünften Ko-lonne träumte, schaute ihn Ammann mit gerunzelter Stirn und gähnend an.

»Wie recht Sie haben!«, antwortete er, der längst spürte, wo Fetsch hinauswollte. »Bitte entschuldigen Sie mich«, wich er in sprödem Ton aus. »Vier Flüge haben es in sich und morgen werden es nicht weniger sein«, sagte er müde, nestelte nach dem Taschentuch, schnäuzte sich und hob die Hand als Zeichen, zu bezahlen.

Ammann trottete die paar Schritte Richtung Kaserne allein zurück. Sterne prangten am Himmel. Auf der Stra-ße war der Schnee mehlig gefahren worden. Lotrecht stieg Rauch gen Himmel. Drei warme Lichter in den Fenstern. Wintermärchen in Unterbach.

Ammann putzte die Zähne und schaute kritisch in den Spiegel.

Ich bin mir sicher, dass der einer von der P27 ist. Sicher aber nicht von meiner Zelle. Die Tarnung ist perfekt, doch was soll der hier? Mich erwischt er aber nicht, todsicher nicht. Das fehlte gerade noch. Pickel und Seil, klar, zackiger Kerl, Châpeau, passt *Paco* perfekt ins Konzept, keine Frage.

Mitten in der Nacht schoss Ammann aus dem Tiefschlaf hoch.

Ein Nachtgeist?

Ein Käuzchen!

Ammann horchte.

Das ist doch eins?!

Zu dieser Jahreszeit?

Er horchte, legte eine Hand ans Ohr, horchte, Ruhe, Stille, nur der ruhige Atem der Kameraden, dann wieder dieser Ruf.

Man ruft mich!

Er griff nach der Taschenlampe, schlug Leintuch und Wolldecke zurück, drehte sich und schwang seine Füße auf den eiskalten Boden, hob sorgsam seinen Hintern an, die Stahlfedern seufzten, griff nach den Swissair-Pantöffelchen und schlich auf Zehenspitzen aus dem Schlafraum.

Seine drei Kameraden schliefen arglos in den Morgen.

Im Gang draußen zog er seine Passagierschlappen über, klickte die Taschenlampe an und huschte hinter dem Lichtkegel über den speckigen Boden. Die Tür zum Waschraum stand offen, er leuchtete jede WC-Kabine einzeln und die großen Boiler rundum ab. Wie üblich war die Haustür nicht verriegelt. Die Staffel fühlte sich sicher. Für die RAF war das Haslital noch kein Ziel. Baader/Meinhof hatten in Deutschland genug zu tun und der Nachtwächter hatte einen scharfen Schäferhund.

Eine eisige Kälte umfing ihn, während er den Scharreisenrost überstieg und das Betonpodest betrat. So stand er im karierten Schlafanzug im käsigen Mondlicht, das ein Cirrusschleier noch der Erde überließ. Kein Nebel, dafür arschkalter Bergwind, riecht nach Flugwetter.

Vorsichtig trat Ammann in die eisige Stille. Wie angeschraubt blieb er stehen, horchte … horchte … und stierte. Seine Augen strichen vom alten Hangar zur Linken über Rollweg, Baracke, Piste, Starthaus, Platte zum großen Pultdachhangar. Nichts regte sich.

Lange machst du das nicht mit mir.

Mit mir nicht!

Zeige dich endlich, verdammt noch mal, zeig dich!

Satte minus zehn Grad, auch heute Nacht! Glaubst du wirklich, ich friere mir umsonst den Hintern ab?

Kein Käuzchenruf mehr, nichts.

Zitternd stieg er die fünf Stufen hinab und schlich um die rechte Kasernenecke, starrte in Richtung Kantine. Die linke Ecke lag im Tiefschnee. Bin ich wirklich einem Albtraum aufgesessen?

Ammann erschauderte.

Die Ölheizung!

Hinter diesem vergitterten, ebenerdigen Fenster hatte die Ölheizung eingesetzt und dort, verflucht …, dort, entstieg doch tatsächlich ein Hut dem Schneehaufen …, ein schwarzer Hut mit breiter Krempe …

»Halt, stehen bleiben oder ich schieße!«

Die finstere Gestalt erhob sich stufenweise aus dem Untergeschoss, die Rechte ausgestreckt …

»Hände hoch oder ich lasse den Hund los!«

Dieser knurrte furcherregend.

Vorsichtig näherte sich der Mann in Wintermantel und Schneestiefeln, den angeleinten Schäferhund zu seiner Linken. Ammann gab sich mit hoch erhobenen Händen als Oberleutnant der Flieger Staffel 22 zu erkennen. Der Wächter steckte seine Waffe ein, leuchtete ihn mit der Taschenlampe ab und entschuldigte sich schmunzelnd.

»Tja, man weiß ja nie …«

Die Worte der Erleichterung kreuzten sich. Er habe einen ungewöhnlichen Ruf gehört, erklärte Ammann, und der Wächter bestätigte, den Ruf eines Käuzchens gehört zu haben.

»Wer hatte denn mehr Angst?«, flüsterte der Wächter erleichtert und versicherte, dass er die Sache soweit im Griff habe und nun gute Ruhe wünsche.

Es war 03.00 Uhr. Leicht enttäuscht, aber beruhigt zugleich, schlüpfte Ammann wieder ins Feldbett und zog sich die Decke bis zum Kinn hoch. Noch dreieinhalb Stunden Schlaf.

Die Wände knackten vor Kälte, bald würde die Heizung wieder bollernd das Kommen des Morgens ankündigen.

Dann dachte er noch an das merkwürdige Gespräch mit dem Offiziersputz, der ihn gestern Abend in der Beiz drüben nur kurz sprechen wollte und dann mit einer Flut von Fragen konfrontierte, zum Teil so merkwürdig, dass er sie nicht weiter beantworten wollte und ihn schließlich kalt stehen ließ.

Fetsch Mitglied der P27? Schon sehr speziell. Ammann jagte seine Hirngespinste in einen anderen Bereich, bis sie sich auflösten.

11

Beim Frühstück strich Ammann wortkarg sein Brot. Er liebte die Ofenfrische dieses knusprigen, fein duftenden Bauernbrotes. Nach dem nächtlichen Schreck gönnte er sich ausnahmsweise einmal eine Flocke Butter, die er mit Erdbeerkonfitüre überstrich. Er kaute in aller Ruhe, blickte wohlwollend auf seine Kameraden am Tisch und achtete argwöhnisch darauf, dass sich in seiner Kaffeetasse keine Milchhaut bildete. Niemand schien den Kauz gehört zu haben, ergo war er für Ammann kein Thema mehr.

Nebenan ereiferte sich *Kull* sardonisch über seinen gestrigen Spielerfolg. Die Verlierer blickten sich stumm ins Auge. Plötzlich platzte einem der Geldgeber doch der Kragen.

»Irgendeinmal wirst du uns schon noch vor die Flinte laufen, aber dann gnade dir Gott, du Schluchtenhund, du!« Ammann schmunzelte, obwohl ihm diese Eskalation nicht gefiel.

»So, geh'n wir wieder Blech verbiegen?«, frotzelte *Kull*, bevor ihm Ammann noch Anweisungen bezüglich seiner nächsten Luftkampfübung zu geben gedachte.

»Übertreibe es nicht, *Kull*!«, mahnte ihn Ammann. »Hochmut kommt vor dem Fall, doch für mich geht es vorerst ab auf die Axalp!«

»Bin alt genug und brauche keinen Anstandswauwau mehr«, gab dieser zurück.

Die Dinos reckten ihre Haifischflossen wieder gleichmütig in den eisigen Himmel.

»Dreißig Schuss, Kanone 2, zwei Übungsraketen à tausend Stutz«, meldete der Waffenmechaniker und fügte gleich an, »Ihr kommt wenigstens wieder einmal an die Sonne!«

»Nur noch ein wenig Geduld. Vor allem wacker blenden wird sie uns auf der Alp oben. Und dass wir zu dieser Jahreszeit keine Vogelschläge erwarten müssen, ist doch auch etwas«, relativierte *John* Ammann das Vergnügen. Vor dem Einsteigen kontrollierte er die beiden auf Hochglanz lackierten Übungsraketen, welche unter den Flügeln hingen. Mausgrau, mit schwarzer Spitze, passten die Geschosse auf ihren Einsatz. Ammann streichelte die Erste.

»Die ist für meine Frau«, schmunzelte er und kletterte, voll Lust, wieder am Hunter riechen zu können, die Leiter hoch.

Nach dem Start visierte er die Krete westlich des Brienzer Rothorns an, befahl den Wellenwechsel und drehte mit seinen drei Kollegen im Schlepptau auf die Schießvolte ein.

»*Bambini Dino uno!*«

»*Sohn, due, due sohn!*«

»*Okay, Claudia, Dino uno!*«

»*Dino uno, capito tre. Zunächst Kanone, dann Rakete!*«

Nach fünf Kanonenangriffen auf das *Grätli*-Ziel drehte er in einer weiten Linkskurve um Brienz in die neue Anflugachse, die ihn auf 2200 m/M horizontal über das im Gegenlicht gleißende Silber des Brienzersees frontal auf die Felswand zubrachte. Das Wasser des Sees änderte seine Farben von Grün bis milchig Blau, je nachdem, wie das Sonnenlicht auftraf. Im Brienzer Seebecken riffelten erste Föhnböen es sogar schneeweiß.

Von Norden her kommend zeigte die Flugzeugachse ungefähr auf die Wand, die unterhalb des Schwarzenbergs völlig im Schatten lag. Vom Ziel selber noch keine Spur. Vorerst war es nur ein Visieranflug ohne Munition.

Visierdrehschalter auf ROQ (Rakete). Dort der KP, klar, den sieht man gut, und etwas links muss es im Schatten liegen. Die verdammt flach liegende Sonne stört mich, aber dennoch, es muss funktionieren. Dort im schwarzen Felsband muss es liegen, dieses kleine, Vier-mal-vier-Meter-Quadrat, auf das ich wieder horizontal zurase.

Da, endlich kommst du. Den kreiselgesteuerten Punkt draufhalten, das Visier etwas schwächer einstellen, damit das Ziel nicht überblendet wird, es geht wieder ab wie der Teufel, der Wind kommt leicht von *rera*, deshalb liegt das Kreuz rechts, erwartungsgemäßer Vorhalt, Leuchtpunkt ruhig auf das orange leuchtende Quadrat halten, festnageln, Drehzahl und Geschwindigkeit stimmen, Höhe über der Klippe stimmt, ist eindeutig mehr als zwanzig Meter, dort tötete mein verehrter Fluglehrer vor wenigen Jahren den Fotografen, weil er ihm zu einem besonders spektakulären Bild verhelfen wollte. Sein *Hunter* explodierte, beide tot. Der felsige Grat fliegt auf mich zu, das Ziel leuchtet nun gespenstisch ruhig in der dunklen Wand, kurz vor Schussdistanz, »einundzwanzig«, zügig hochziehen und durch die Gerstenlücke verschwinden.

»*Elemente okay!*«, krächzt der Schießleiter. Wie im Lift geht es den Berg hoch, kurz vor dem Sattel, auf den Rücken!, aber aufgepasst, die Sonne, du wirst nächstens und schon bin ich voll in ihrem grellen Lichte, Nase runter, verschwinden, immer noch auf dem Rücken, nun aufrichten und in Distanz vor dem Wetterhorn in die Rechtsvolte eindrehen.

»*Elemente okay!*«, meldet der Schießleiter meinem mir folgenden *sohn*, gefolgt von »*Elemente okay!*«, für den *due* und »*Elemente okay!*« für den *due sohn*.

»*Bambini, das nächste Mal mit Munition!*«

Wieder fliege ich von Norden her an, Geschwindigkeit 800 km/h, diesmal Klappe über dem *Rocket Button* auf dem Steuerknüppel hoch, visieren, Daumen auf den Auslöseknopf, Höhe über der Klippe, Schussdistanz!, drücken. Ein dumpfer Knall, als hätte jemand hart gegen die Bordwand getreten, und Rakete Nummer eins, die für Nina gedachte, zischt vor einem Feuerschweif davon. Keine zwei Sekunden später schlägt sie in die Wand ein. Es blitzt leicht links unten. Sicherungsdeckel zu.

»*Due, lili basso*«, tönt es spröd vom KP. »*Das nächste Mal korrigieren!*« Klar, mache ich doch. Kreuz um Zielbreite höher und etwas mehr rechts. Wie im Lift geht es wieder den steilen Felshang hoch, der Sonne entgegen, auf den Rücken, die Krete schrammt vorbei, ziehen, bis die Nase 40° nach unten zeigt, nach rechts aufrichten, und wie die Eisenbahn wieder die Volte aufnehmen.

Die nächste Rakete, jene für die Tochter, Funken sprühen, Blattschuss.

»*Volltreffer!*«, meldet Rickenbacher.

Als er sich nach dem Kaffee wieder mit drei anderen Kameraden zu den Flugzeugen begab, kamen ihnen *Kull* und Co. entgegen. Sie hatten sich in Sachen Verteidigungswalze geübt. *Kull*, mit leicht betretenem Gesicht, war unüblich ruhig. Die anderen drei zogen kurz die Mundwinkel hoch. Als Ammann vom zweiten Flug zurückkam, war es bereits korpsweit bekannt. *Kull* hatte sein Blech wirklich verbogen und satte 8.5g eingefahren. 1g über dem zulässigen Grenzwert. Nach seinen Aussagen war er in einer 6g-Kurve in die Randwirbel seines Zielflugzeuges geraten. Dass man dies zumindest erahnen und den Kurvenradius etwas nachlassen kann, war jedem klar. Und das nervte *Kull* selber am meisten.

»*John*, Post für dich!«, rief Geri, als Ammann vom Luftkampf zurückkehrte. Brief von Nina. Unerwartetes Highlight an diesem anstrengenden Flugtag, der ansonsten völlig nach Programm verlief. Ammann setzte sich in der Kantine etwas abseits und trank langsam seinen Kaffee.

Liebster,

es ist Dienstag kurz nach 20.00 Uhr. Die Kinder sind im Bett und ich sitze mit die Seele streichelnder Musik am Stubentisch und genieße, zufrieden wie eine Katzen- respektive Hundemutter, den verdienten Feierabend mit einem Buch. Ahiti hat sich in seinem Körbchen unten in einen alten Pulli von dir gekuschelt und schläft. Ihm ist es pudelwohl und seine bedingungslose Liebe beglückt mich immer wieder.

Heute besuchte mich Hildegard Loher. Ihre Kinder waren in der Schule und wir tranken einen Kaffee zusammen. Sie wusste, dass die Staffel wieder im Dienst ist, und wollte mir einfach etwas Gesellschaft leisten. Da ich nie etwas ausklammere, kamen wir auch auf ihr Befinden zu sprechen. Sie ist eine so starke und tapfere Frau und doch sei sie noch lange nicht über den Berg, sagte sie. Ihre Welt sei völlig aus den Fugen geraten und die Zukunftsangst war förmlich zu riechen. Sky fehle ihr und den Kindern so unsäglich und zum Glück, sagte sie, könne man an Tränen nicht verbluten, sonst wäre sie schon längst bei ihm im Totenreich. Ich nahm sie in den Arm und mein Pullover war nachher buchstäblich nass wie ein Witwentaschentuch. Sie tat mir so bis in die letzte Faser leid. Ich kann nur immer wieder zu Gott beten, dass er dich beschützt.

Mit Petra und Dani geht es gut. Petra hat sich zwar leicht in den Finger geschnitten. Sie weinte. Nun, nachdem ich sie gut verarztet habe, ist sie stolz auf ihr Pflaster. Beide halten mich ständig im Schuss, aber ich bin gerne gefordert, so wird es mir nie langweilig.

Ich selber vermisse dich sehr! Wer soll mir den Rücken massieren, den Reißverschluss hinten am Kleid hochziehen, meine Hand in die seine nehmen, mich umarmen und wärmen, mit mir diskutieren, lachen und mir das Gefühl vermitteln, geborgen zu sein? Ich bin so dankbar, mit dir das große Los gezogen zu haben. Um es auf einen Nenner zu bringen: Ich bin mit dir einfach wahnsinnig glücklich. Seit Rio gehören unsere Geschichten für immer zusammen und ich muss mich kneifen, dass das nicht schon tausend Jahre so ist. Du stellst all das dar, wonach ich mich immer gesehnt habe. Du hast so vertrauens- und liebevolle Augen, bist ein so einfühlsamer Mann, dass du beinahe weißt, was ich denke. Beinahe, sage ich. Ach, was habe ich doch für ein sanftes Joch! Manchmal rieche ich an deinen Kleidern oder schnüffle an deinem Rasierwasser und zu gerne würde ich mich heute noch zu dir *hinüberhangeln. Ich bin aber auch so unsäglich stolz auf dich. Mit dir habe ich immer das Gefühl zu fliegen! So, nun verkralle ich mich noch in ein Kreuzworträtsel. Lieber John, du fehlst mir! Du bist das totale Gefühl! Komm, lass uns fliegen und die Probleme von hoch oben sehn!*

Ich bin dir stets liebevoll zugetan und küsse dich

Nina

12

Für den Nachmittag hatte sich Brigadier Schindler von Payerne her mit einer *Mirage* angemeldet. Wie und bei wem er sich ins Spiel bringen würde, war mit Ammann bereits am Vortag abgesprochen worden. Allein das Auftauchen dieses auf Hochglanz polierten Vogels brachte Unruhe in den Verband, und wenn er dann auf sein Ziel herunterstach, wurde die Übung zum Ernstfall. So schwierig das glitzernde Dreieck, anfänglich war es nur ein Pünktchen, auszumachen war, so einfach war es im hautnahen *Infight*, wenn man es zum richtigen Zeitpunkt abwehren und dadurch zum Vorschießen zwingen konnte. Allerdings donnerte der Pfeil, wenn er sich nicht in den *Dogfight* einließ, ebenso rasch mit feuerndem Nachbrenner davon.

Jedenfalls, ob beim Schießen oder beim Luftkampf, lernten alle wieder dazu und man brachte sein Flugzeug zufrieden zurück.

»Morgen ist die nächste Steigerung vorgesehen«, begann Hauptmann Kieser das Debriefing. »Der Schießleiter will auf der Axalp die Übung *6a-f* fliegen lassen und Oberleutnant Ammann hat auch einiges in der Pipeline. Bezüglich Meteo steht im Burgund eine Warmfront in den Startlöchern ...«

»... solange sie uns den Wein nicht wegsäuft?«, löste einer verhaltenes Grinsen aus.

»Die leichte Föhnströmung sollte bis Mittag anhalten«, fuhr Kieser unbeirrt fort. »Wir starten also talaufwärts. Luftkampf und Schießen Axalp werden zumindest am Vormittag wettermäßig problemlos fliegbar sein.«

Die Sonne legte sich schon chromgelb auf die gegenüberliegende Talseite und zündete die Hänge vom Rothorn bis zum Hasliberg an und ein Airliner zog eine Kondensschiene über die Kette, als Schießleiter Rickenbacher ans Relief hinüber orderte.

»Generell bin ich mit den Leistungen zufrieden«, schritt er, unanständig braun gebrannt, vor die Staffel und legte seine Sonnenbrille auf das Pult. Er wolle jedoch keine Schussdistanzen unter tausend Metern mehr sehen und jeden, der die Minimalhöhe von hundert Metern über den Zielen unterschreite, den schicke er augenblicklich nach Hause, drohte er unverhohlen und griff sich an die Nase.

»Und nochmals, zwanzig Meter ist die Minimalhöhe über den Kreten. Kein Jota tiefer! Brennt euch das in euer Hirn ein! Wir wollen zwar taktisch rasch verschwinden, das heißt, vor der Krete auf den Rücken drehen und kurz vorher runterziehen, aber das letzte µ (Mü) lassen wir dem Berg. Die Liste derjenigen, die den kürzeren Weg durch den Fels nehmen wollten, ist lang genug, und zumindest, solange ich Schießleiter bin, wird diese, Hergottsakri noch mal, nicht verlängert!« Klar kannte inzwischen jeder diese in eine Granitplatte gravierte Liste, wobei man den einen oder anderen verunglückten Kameraden sogar persönlich gekannt hatte. Mit Rickenbacher hatten die Piloten beinahe Mitleid. Er hatte schon einiges mit ansehen müssen und seine Heidenangst, dass wieder einmal etwas passieren könnte, war mit Händen zu greifen.

»Obwohl ich leichte Föhnturbulenzen erwarte, will ich
6a-f fliegen. Sie sind aber selber dafür verantwortlich, dass
es zu keinen Überbelastungen der Zelle kommt. Werft hin
und wieder ein Auge auf den *g*-Messer und meldet mir zu
heftige Böen beizeiten, damit ich umstellen kann. Frage?«
Niemand meldete sich.

»Aus sechs verschiedenen Richtungen auf drei
verschiedene Ziele anzugreifen, ist schon Hohe Schule
und erfordert viel Flexibilität, das traue ich euch aber zu«,
schloss der Schießleiter, als er mit seinem Federchen am
Stecken jede Achse nochmals wortgewaltig einzeln abflog.

Und Ammann wollte morgen die Abwehr aus der
Frontalbegegnung üben.

»Die Älteren unter euch haben das schon geflogen«,
sprach er, während er die Bereitstellung erklärte.

»Wir operieren morgen wieder ohne Radarführung
und selbstverständlich wird die Abschussphase erneut mit
Film dokumentiert. So geht es ganz einfach: Ihr fliegt beide
mit fünfzig Meter Abstand nebeneinander, sprich in Formation *linea* in den Arbeitsraum ein; präzis gleiche Höhe,
genau gleiche Geschwindigkeit. Auf das Kommando *Achtung toc* dreht ihr mittels 3g-Kurve auseinander, richtet
präzis nach 90° auf und haltet den Kurs für dreißig Sekunden. Auf das nächste *toc* dreht ihr wieder mit 3g aufeinander ein und richtet nach 180° auf. Geometrisch gleicht der
Flugweg von oben gesehen einer Schleifendipolantenne.
Nun fliegt ihr frontal aufeinander zu und solltet euch nach
dreißig Sekunden kreuzen. Das ist die Ausgangslage für
die nächste Luftkampfübung, bei der es heißt, möglichst
rasch hinter den Arsch des anderen, sprich in Sechs-Uhr-
Position zu gelangen. Was für eine herrliche Übung! Jeder

ist frei, den Flugweg in der dritten Dimension so zu gestalten und die diese Woche gelernten Manöver so anzuwenden, dass ihm das möglichst rasch gelingt. Mehr Schub als Steigleistung, respektive *torino yellow*, darf nicht gegeben werden. Ehrensache! Macht also unsere Triebwerke nicht kaputt. Endet der Kampf in einem Patt, wird er mit dem Befehl *finito* durch den Patrouillenführer abgebrochen. Morgen erwarten wir eine Warmfront. Der Himmel wird sich gegen Mittag zunehmend überziehen und uns dadurch in der Höhe einschränken. Dafür sieht man einander besser. Uns ist allen klar, dass diese Übung mit erhöhtem Kollisionsrisiko verbunden ist. Ich betone, es ist eine Übung und es werden weder Leben noch Material aufs Spiel gesetzt. Verbeißt euch also nicht bis zum Gehtnichtmehr ineinander. Die Flugsicherheit …«

»… hat oberste Priorität«, beendete *Kull* den Satz und nuschelte »Schleimscheißer« dazu. Morgen würde sich die Spreu vom Weizen trennen, war sich jeder bewusst.

Und draußen standen die Flugzeuge, stumm, geduldig und unbeteiligt.

Kieser unterstrich Ammanns Schlusswort und kündigte im Anschluss individuellen Sport an. Pistenende und zurück im Laufschritt als Vorbereitung für den »Magglinger-Test« sei das Minimum. Dann kam er auf das Abendessen von morgen, Freitag, zu sprechen.

Nach kurzer Diskussion entschied man sich für das Restaurant *Sherlock* in Meiringen.

»*Fox*, reservieren!«

»Ich fordere morgen Nachmittag den Luftkampfchef zu einem Duell heraus«, schnaufte Kull mit dem Lächeln einer Kreissäge, als er Ammann auf dem Rückweg im

Laufschritt einholte. Er hatte sich, die letzten hundert Meter bis zum Wendepunkt am Pistenende sparend, hinter einem Busch versteckt und trabte nun wieder entspannt mit. »Der Komparse will zum Abschluss noch ein Brustbild vom Solisten!«

»Irgendein dumpfes Gefühl sagt mir schon lange«, keuchte Ammann, »dass sich unsere Bahnen irgendwann wieder ... kreuzen werden und du mir ... noch die letzte Schwanzfeder absengen willst«, entgegnete er, ohne sein Lauftempo zu reduzieren.

»So ist es«, japste *Kull*. »Tontaubenschießen wird es geben!«

»So leicht kriegst du mich nicht!«, hechelte Ammann.

Giftgelb zeigte sich das *Brienzer Rothorn,* das sich in den letzten Strahlen der Abendsonne suhlte, die es nur Minuten später feuerrot färbten. Darüber begann der Himmel, launisch zu werden. Wie hingepinselt schoben sich erste gerupfte Schäfchenwölkchen herein. Das Hoch schien schon wieder abzudanken. Längst hatte sich die Sonne hinter der Kette vergraben und das letzte Licht von den Bergen abgezogen, damit die Nacht ihren Schleier über das Haslital ausbreiten konnte.

Obwohl nicht vorgesehen, rief Ammann nach dem Abendessen seine Frau an. Zu sehr hatte ihn ihr Liebesbrief berührt. Später setzte er sich noch eine halbe Stunde an den Schreibtisch, schrieb eine Ansichtskarte von Brienz an seine Eltern, die sich immer sehr um ihn sorgten, nahm gedanklich das Flugprogramm von morgen nochmals durch und suchte nach kritischen Stellen in den Abläufen, die er unbedingt fehlerlos umschiffen wollte. Jeden Meter, jede der möglichen Aktionen, versuchte er sich vorzustellen.

Als Höhepunkt der Woche wollte er diese Auseinandersetzung, dieses Mann-gegen-Mann pur, unbedingt gewinnen.

Für ein Bier im *Rössli* reichte es nicht mehr. Er trank kaltes Wasser vom Hahn, legte sich ins Bett und verstopfte sich die Ohren. Weder Heimkehrer noch ein Käuzchen sollten ihn heute Nacht wecken.

Zu Hause war alles in Ordnung, sein Körper lief rund, total im Gleichgewicht schlief er ruhig und zuversichtlich ein.

So war es.

13

Ammann hatte das Programm von heute, Freitag, mit dem Staffelkäpten so abgesprochen, dass er in der ersten Nachmittagswelle als *sohn* von Kull zum heißen Luftkampf aufsteigen würde.

»Ich bin sicher, dass *Kull* und du euch wieder ausgiebig Saures geben werdet, aber bitte macht mir keinen Seich!«, bat Kieser seinen Adlaten in vertraulichem Ton und mit besorgtem Gesicht.

»Na, na, Max, lass das meine Sorge sein.«

»Bedenke die Konsequenzen und erinnere dich, ich bin weder ein geübter Gefängnisbesucher noch ein leidenschaftlicher Witwentröster.«

Ammann, in ausgesprochen guter Stimmung, verspürte schon am Morgen ein pfeffriges Kribbeln im Bauch und versammelte seine drei Kollegen unmittelbar nach dem Frühstück vor dem Relief. Er nahm den Rohrstock und ging die sechs verschiedenen Angriffe, die er vorgängig einmal ohne Munition als Zielanflüge zu fliegen gedachte, nochmals durch.

Die taktischen Angriffe *6a-f* waren die Kür des Axalpschießens. Die drei Piloten spähten einander über die Schulter, um sich das Gelände in der Angriffsachse möglichst perfekt einzuprägen.

»Nun zum Flugablauf«, fuhr Ammann fort: »*Der due sohn* füllt wie immer die Fluganmeldung aus, und das bin diesmal ich selber. Wie ihr seht, hat der schon gut vorgearbeitet«, grinste er, hob das rosafarbene A5-Formular hoch und übergab das Kommando an *Geri* Gut.

»Also, Funkaufruf nach dem Triebwerkstart auf Kanal 35. Deckname *Dino uno* bis *due sohn*. Der KP heißt *Claudia,* die Flugzeugnummern habt ihr bereits, Abmarsch in fünf Minuten«, befahl Oberleutnant Gut. Nach den Stichfragen reichte es gerade noch für ein kurzes Wasserlösen, dann zogen sie sich die *g*-Hose über, schlüpften in die Lederjacke und griffen nach Helm und Handschuhen.

Hohe, durchscheinende Alabasterzirren hingen über dem Tal und die Luft war immer noch pures Eis.

Ammann hängte sich als Nummer vier brav an seinen *due,* als sie zu diesem Schießflug starteten. Er wollte auch den jüngeren Piloten ein Training in der Verbandsführung ermöglichen. Und es fegte gleich wie der Teufel.

»*Direkt mit Munition!*«, befahl *Claudia,* um Zeit zu sparen. Sie lösten sich dreitausend Meter über dem Entlebuch in Kolonne mit vier Kilometer Abstand auf und flogen die Axalp seitlich versetzt über die gewohnten Merk- und Richtpunkte an. Kurz bevor er selber abkippte, sah Ammann die Dreißig-Millimeter-Projektile der vorderen Kollegen einschlagen.

Ich erwarte leichten Föhn und halte fünf Meter rechts. Die Schüsse der ersten beiden liegen eher links. Also ist der Südwind doch stärker, ich werde noch eine halbe Zielbreite dazugeben, Trommelwählschalter auf Kanone, *avanti*, mit 4g nach unten ziehen, Visierkreis kommt aufs Ziel, aufrichten, rasch einpendeln, Ruhe herstellen, den Punkt aufs Ziel, ja, das Kreuz ist ziemlich weit rechts außen, ja, fahre bereits leicht schräg kreuzend auf der schiefen Ebene hinunter, schön, alles perfekt, atmen, verdammt, entsichern und jetzt, kurz vor 1200 Metern beginnt es zu bocken, das Kreuz schießt hin und her, ruhig korrigieren, schön ruhig mit der Querlage, ganz fein Fuß, jetzt, abdrücken, brrrrr unter dem Hintern rattert es satanisch, eine halbe Sekunde nur, loslassen, abflachen, sichern, zwei, drei, vier g, nicht mehr, wegen der Turbulenz, den Hang des Schwarzenbergs anschneiden, hinauf, »quattro« kommentiert der Schießleiter. Schwein gehabt, denke ich. Es geht hoch wie im Lift, die Krete!, auf den Rücken und ziehen, sie ist durch, weiterziehen auf die Alp Breitenboden hinunter, und schon wieder aufrichten. Der Erste ist bereits wieder im Angriff, Nummer zwei und drei suchen …, ja, hier sind sie, um das knapp dreitausend Meter hohe Schwarzhorn herum, macht seinem Namen alle Ehre, durchatmen, die mit Schnee gesprenkelte Wand des Wetterhorns, gut, die Sonne im Rücken, schön anschließen, der *uno sohn* taucht in die Lücke ab und bald macht der *due avanti*, gut einteilen, das Ziel am Abhang des Axalphorns erscheint erst nach dem Abkippen, ein knappes Zeitfenster, einteilen Ammann, atmen …, es wird höchste Zeit, jetzt *avanti* zum Zweiten, 90°-Querlage, nach unten ziehen, atmen, jetzt muss das Ziel erscheinen, hier ist es, voll im Licht, verdammt gut!, aufrichten, mit dem Fuß die Pendelbewegung stoppen, Drehzahl stimmt, der Flugweg durch den tiefsten Punkt der Gerstenlücke auch, entsichern, Finger an den Abzug, sacke etwas durch, Haltepunkt tief wegen Rückenwind, Schussdistanz, abdrücken, brrr …, loslassen, sichern, ganz wenig ziehen und schleifend ins abgeschattete Hinterburgseeli-Becken abtauchen, »*tre basso*«, hat etwas weniger Rückenwind als erwartet, nächstes Mal korrigieren, Nase Richtung Brienzer Rothorn, dort ist der *due*, *fuel* okay, Flügeluntertanks noch nicht leer, 5g auf dem g-Messer, alles okay, durchatmen, ein Traum, der *uno* kommt schon auf gleicher Höhe fünf Kilometer links entgegen, der *uno sohn* legt ein, ich folge dem *due*, es ist Zeit, in den Endanflug einzudrehen, dritter Angriff, wieder mit 4g ziehen, horizontal, scheißflach auf die Wand los, das verdammte Quadrat liegt wieder wie üblich im Schatten, man sieht es kaum, bin auch noch weit weg, kommt schon, Wind nun von Süden, also von vorne, entsichern, Kanonenbügel springt nach unten, atmen, die Klippe nähert sich zusehends rascher, ganz leicht höher halten, kein Seitenwind, Schussdistanz, abdrücken, brrr…, kurz nachschauen, es blitzt ums Ziel, am Funk höre ich »*tre*«, aufziehen durch Lücke, auf den Rücken, *due* suchen, bin mit dem Resultat zufrieden, steigen auf die neue Ausgangshöhe von 3700 m/M wieder für Ziel am Axalphorn bereitstellen, schleifend die Flanke des Gerstenhorns entlang, abermals Luft zersägen, dann sie mit einem Sprutz aus der Kanone zerspänen und sich dann über das aufgeschreinte Axalpgrätli durch das Urserli aus dem Staub machen und Richtung zugefrorenes Auge des Hinterburgseeli abtauchen.

So ging es weiter im Text. Déjà-vu. Wie Atome kreisten sie um die Axalp und dengelten auf sie ein. Attacco Nummer vier, fünf und sechs und schließlich, weil es so schön war, besammelte *Geri* seine drei Küken und hängte noch einige Riesenräder vor die Eigerwand. Letztlich landeten alle vier mit schweißnassen Rücken und guten Resultaten, gaben die *Dino*-Hunter mit schwarzen Schmauchspuren zurück. Der Jüngste hopste nach dem Flug herum, als sei er eben auf einem Reißnagel gestanden. Er hatte viermal ein *Quattro* und zweimal ein *Tre* geschossen. Ein Traumresultat in Anbetracht dieser Turbulenz.

Ammann stieg für den zweiten Flug am Vormittag wieder für einen Luftkampfeinsatz auf. Es war ein gutes Vortraining für den krönenden Abschluss, für den *Dogfight* mit *Kull* am Nachmittag. Nach seinem ersten Schießeinsatz empfahl sich Oberst Fridolin Hotz ebenfalls mit guten Ergebnissen.

Bereits auf den Axalpflügen der zweiten Vormittagshälfte hatte sich die Föhnturbulenz zunehmend unangenehm bemerkbar gemacht. Das Fadenkreuz ruhig zu halten, war ein Ding der Unmöglichkeit und die Streuungen entsprechend groß gewesen. Den *6a-f*-Parcours mussten sie wegen zu starker Turbulenz abbrechen.

Um 13.00 Uhr griffen die ersten vier wortkarg ihre Bäuche ab und quetschten sich in Beschleunigungsanzug und Fliegerstiefel. *Kull* richtete sich auf, pulte sich hämisch grinsend noch eine Fleischfaser zwischen den Zähnen hervor, ehe er angespitzt und betont lässig seine Handschuhe überzog und Ammann einen vielsagenden, Überlegenheit speienden Blick zuwarf. Du gottverdammter Halbschuh, steigerte Ammann, ansonsten die Sanftmut in Person, seine Aggressivität. Das Blut stieg ihm kurz ins Gesicht und er straffte sich wie vor einem Duell.

Seine Befehlsausgabe war kurz und prägnant:
Ammann 4030,
Kull 4138,
Braun 4010,

Gut 4095,
Raum »Entlebuch« für *Kull* und mich,
»Wetterhorn« für euch beide.
Decknamen *Sherlock uno* bis *due sohn.*
Funkaufruf auf Arbeitskanal *20.*
Fragen? Kopfschütteln.

Kull stand ruckartig auf und eine Sekundenlänge ma-
ßen sich Kull und Ammann nochmals mit den Augen. War
es verdeckte Nervosität oder doch Unsicherheit? Jedenfalls konnte *Kull* seine Zunge nicht im Zaum halten und
begann seinen *J-4138* über den grünen Klee zu loben.

Die ersten hundert, von *J-4001* bis *J-4100,* waren nämlich ab Werk im englischen Dunsfold gekaufte und in die
Schweiz überflogene *Hunter.* Höhere Nummern stamm-
ten aus Südafrika. Diese Occasionen waren von den Em-
mener Flugzeugwerken total überholt und auf einen völlig
gleichwertigen Stand gebracht worden.

In *Kulls* Augen schlüpften diese aber spürbar besser als
die »älteren Gurken«.

Ammann hob schniefend die Schultern, wobei er ihm
riet, sich doch bitte warm anzuziehen. Er war überzeugt,
dass der Schlusspunkt diesmal anders gesetzt werden würde, als *Kull* es sich dachte. Diesem zynischen Lästermaul
würde er die Knöpfe schon noch einmal gründlich zutun.

Grienend schaute *Kull* auf seine goldene Omega und
riet zur Eile.

Der Föhn, immer noch gletscherkalt, war nun auch im
Tal unten zu spüren.

Die vier eilten ins Startbüro und dann zu den Flugzeugen. Vom vielen Schießen trugen die *Hunter* brand-
schwarze Schmauchspuren an den Rümpfen.

Die vier Piloten stiegen hurtig ein und es dauerte keine fünf Minuten, bis *Kulls* Maschine zischte. Um jedes Kilo Gewichtsvorteil zu erlangen, erhöhte er zusätzlich die Leerlaufleistung um zwei- oder dreihundert Umdrehungen.

Ammann ließ sich nicht beeindrucken, obwohl er mindestens zehn Kilo mehr Lebendgewicht auf die Waage brachte als *Kull*. Später, als alle Triebwerke liefen, rief Ammann seine *Bambini* auf, wechselte auf die Flugplatzwelle und holte die Rollbewilligung für den Start auf der talaufwärts gerichteten Piste 07 ein.

Es dauerte Minuten, bis sich *John* und *Kull* am unteren Pistenende aufstellen und davondonnern konnten, dicht gefolgt von den anderen beiden.

Kaum ab Boden, wanderte Ammanns Blick weit nach vorn, wollte nach Innertkirchen die Berge überwinden, über den Horizont gucken, um vielleicht noch einen Streifen Mittelmeer glitzern zu sehen. Doch heute ließ es das Wetter nicht zu. Für die Pilotenseele gab es nie genügend Luft nach oben, selbst wenn dem Flugzeug der Atem ausging, letztlich wollte sie ins All hinaus. Ammann warf seine Gedanken augenblicklich über Bord. Jetzt, auf seinem vorletzten *Hunter*-Flug dieses Trainingskurses, gab es Substanzielleres zu erledigen.

Nun herrschte *High Noon*!

Kull führte seine psychologische Kriegsführung fort, indem er bei jeder Richtungsänderung auf Außenposition wechselte, um etwas mehr Weg zu machen, sprich wiederum mehr Petrol zu verbrennen.

Ammann, nicht mit Blindheit geschlagen, nahm das lächelnd zur Kenntnis. Kurz vor dem Grimselpass wechselte er die Frequenz und sandte den zweiten Verband in den Arbeitsraum »Wetterhorn«.

Nun waren die Erzgegner unter sich, allein auf sechstausend Meter, über verschneiten, immer noch gleißenden Firnen. Der größte Dreckgletscher zeigte sich jungfräulich rein. Auf Kurs Nord, flogen sie unter einem milchigen, von hohen Cirruswolken überzogenen Himmel in ihren Arbeitsraum ein.

Ammann überprüfte Zielgerät und Zielfilmkamera, schaltete auf hundert Prozent Sauerstoff und atmete tief durch. Er wollte für diese Nagelprobe klaren Kopf behalten.

Kull tat es ihm zweifelsohne gleich, schwamm nun fünfzig Meter rechts und schaute ihn in Erwartung des Befehls mit schwarzem Gesicht unverwandt an.

»Sherlock uno sohn grande!«, befahl Ammann, worauf Kull augenblicklich eine brüske Rechtskurve einleitete und unter Ammanns Flügel verschwand. Die beiden richteten auf, Ammann auf Kurs West, Kull auf Kurs Ost. Wie ein Scherenschnitt lag der Gantrisch in der Tiefe. Nach dreißig Sekunden befahl Ammann »Sherlock uno toc«, beide leiteten eine 180°-4g-Kurve ein, Ammann rechts-, *Kull* linksrum. Ammanns Puls war längst über hundertfünfzig, als er mit Kurs Ost aufrichtete, *torino yellow*, sprich Steigleistung gab und wie ein Raubtier, auf des *Hunters* heißem Atem reitend, Witterung aufzunehmen versuchte.

Gleich trötet Kull »*contact*«, er hat mich also bereits gesehen. Schweigend setze ich die Airconditioning auf voll kalt. Dieser Mann hat Eier! Für wie dumm hältst du mich eigentlich? Du schummelst dir doch die Hucke voll. Kein einziger Kumulus erlaubt es dir, dich in die Büsche zu schlagen. Das kann nicht sein, du verschlagener Drachenschwanz, du. Mein Mund fühlt sich staubtrocken an, hundert Prozent Sauerstoff aus der Flasche ist trocken, muss es sein, damit die Ventile nicht vereisen, dennoch will ich meine Blutbahn maximal versorgen, und doch … *Kull*, möglich wäre es, dass du meine Silhouette in der Kurve gesehen hast, aber jetzt frontal? Kaum …, mein Lieber. Wegen des Wetterwechsels hat die Tiefenschärfe bereits gelitten. Ich schiebe das Visier hoch. Den Fokus wechseln, einen Berg aus dem Sahneeis der Berner Alpen ins Auge nehmen und nun zurück, irgendwo muss dieses schwarze Pünktchen sein, schlucke, atme, wieder suchen, intensiv suchen da, da ist er »*contact*«, und schon hobelt er vorbei, selbstverständlich hat er mich auch gesehen, also hinauf, 5g, möglichst hoch hinauf, wo ist er …?, da … plötzlich schießt sein Flugzeug knapp über das Kabinendach das war sogar verdammt knapp, logisch, der zieht mit Streifen an den Flügelenden ebenfalls hoch, versucht, das Zepter um alles Verrecken an sich zu reißen und mich zu überhöhen, die Augen schmerzen ohne Blendvisier, Geschwindigkeit nimmt rapide ab, na, dann bauen wir dem *Kull* mal eine goldene Brücke, vierhundert passiert, langsam musst du an die Niederkunft denken, wenn du nicht ins Trudeln fallen willst …, Visier runter, schnauf, *John*, schnauf!, das Triebwerk jault, Geschwindigkeit geht gegen weiß, fertig, *flaps* erste Raste, beherzt und doch seidig fein ziehen, über den Rücken einen Knopf in die Luft machen, gelbe Marke, das Höhensteuer fühlt sich wie Kaugummi an …, als würde es nicht mehr mir gehören …, es folgt ein Knöpfchen, beinahe an Ort, und schon stehe ich in den Pedalen, bin

in der Senkrechten, *flaps up*, wo ist Kull …?, da …!, führe laufend Selbstgespräche in der Maske, hat leicht später
gedreht, ziemlich seitlich, aber doch leicht hinter mir, verdammt, der wird nächstens beidrehen, sieht nicht gut aus,
Leistung stehen lassen und mit achthundert mit sechs bis
sieben *g* ziehen und schon geht es mit schmerzendem Rücken wieder hoch …, wir schießen wie Falken in die Senkrechte …, senkrecht wie eine Kerze …, senkrechter geht
nicht mehr …, alles kann sich aber in Sekundenschnelle
ändern …, und wir enden wieder oben …, gegen neuntau-
send Meter …, Kopf an Kopf, wie ein Liebesspiel, nein,
pfui Teufel, so intensiv wie zwei betende Hände …, die
weißen Plus im runden Rot glotzen mich aus den grau-
oliv getarnten Flügeln an …, ich erkenne jede Niete auf
dem Rumpf …, der schneeweiße Helm unter dem Glas-
dach …, wir sind wie festgenagelt, patt, keiner gibt nach,
ich spüre die Nässe in den Achselhöhlen …, das Kissen
klebt am Rücken …, ich setze mehr Landeklappen, ich
sehe sie auch bei ihm ausfahren, langsam schiebt er sich
vor …, hat Energieüberschuss …, überklettert mich …,
verschafft sich Überlegenheit …, die Geschwindigkeit
nimmt rapide ab …, der Zeiger nähert sich der weißen
Marke …, bald werden wir gelb haben …, dann rot … nur
noch Sekunden … bis zum Kontrollverlust …, verbunden
mit höchstem Kollisionsrisiko …, Flugzeugzellen sind Ei-
erschalen …, auf Stöße schlecht zu sprechen …, der Crash
steht unmittelbar bevor! Nein, mich kriegst du nicht! Auf
dem Strahl stehend, geht es mit geradezu arroganter Ge-
mächlichkeit himmelwärts … ich schiebe den Leistungshebel auf Vollschub …, nur fünf Sekunden noch Drehzahl
rot …, auch wenn es nicht mehr viel bringt …, die lin-

ke Hand verlässt den Schubregler …, schnellt nach vorn zum Landeklappenwählschalter …, versuche mit Stufe vier den Kopf aus der Schlinge zu ziehen …, du bist verkrampft am Knüppel, löse dich … nun wird die Luft geradezu spürbar dünn, und just in diesem Augenblick fällt Kull zurück …, fällt auffällig rasch zurück … ungläubig pumpe ich Luft in die Lungen und leite mit *flaps four*, mit diesem ungewöhnlich hohen Klappen-Setting im letzten Moment den Abstieg ein …, die Steuer sind butterweich, doch der *Hunter* gehorcht …, gerade noch…, und im selben Moment – ich traue meinen Augen kaum – sehe ich … nein, das darf doch nicht wahr sein, keine zwanzig Meter seitlich, säuft Kull Schwanz voran ab. Triebwerk überfordert, deshalb zu hohe Temperatur im Ausströmkonus? Musste er Leistung reduzieren? Egal! Morgenluft!

Da geht kein Rotz mehr ran, nun habe ich dich! Aber todsicher, dich habe ich! Warte nur …, Leerlauf, Sturzflugbremse, ah, dort bist du, kippt vornüber …, macht ein Männchen, wie es im Buche steht, hoffentlich keine *g*-Überschreitung …, kein *flame-out* … und nun setze ich zum Gefrierschnitt an!

»*Fuck!*«, schreit *Kull* am Funk, nein, eine waschechte Vrille …, nein, das glaube ich nicht …, sauberer geht es nicht …, ich hole leicht aus, fahre meine Widerstände wieder ein und erhöhe sachte die Leistung, und wie er sich aus dem Trudeln rettet, bin ich zweihundert Meter hinter ihm. Der Rest ist Bilderbuch: Das Opfer liegt in ganzer Pracht und Schönheit vor mir, Brustbild, die Messe ist gelesen, der Abschuss todsicher, hundertprozentig und sauber mit Film belegt.

Was wäre, wenn ich dich nun wirklich töten müsste?

»Sherlock uno, finito!«

Na, das hätten wir dann in trockenen Tüchern.

Neue Bereitstellung.

Kull hängte sich wortlos wieder ein und Ammann konnte sich leicht vorstellen, wie er unter seiner Maske schäumte.

Der nächste Kampf war ein einfacher, klarer Fall.

Ammann sah *Kull* zuerst, dachte, es sei gut angebacken, war rasch im Vorteil, und wieder hatte er *Kull* voll auf dem Film.

Er schien aus dem Rhythmus gefallen zu sein. Es reichte just noch für einen letzten Angriff, bei dem an sich *Kull* im Vorteil gewesen wäre …, bis …, ja … bis …, ein Bild für die Götter …, bis ihn die Turbine im Stich zu lassen schien.

»Ich habe eine Feuerwarnung!«, klagte *Kull* am Radio.

»Finito!«, befahl *John* Ammann. *»Ich bin gleich mit der Checkliste bereit.«* Lohn für den Taschenspielertrick, dachte sich Ammann, während er unverzüglich nach der Notfall-Checkliste griff, sich ihm breitseits näherte, um ihm die entscheidenden Punkte vorzulesen:

»Leistungshebel Leerlaufstellung.«

»Löscht Feuerwarnlampe innert fünf Sekunden aus, zeigt sie eine Undichtheit im Ausströmkonus an.«

»Von außen sehe ich gar nichts. Wie sieht es bei dir aus?«

»Extinguished, ritorno casino«, grummelte *Kull.*

»Okay, du kannst wieder langsam Schub geben und mit reduzierter Leistung sofort landen. Du bist nun Numero uno.«

Waidwund meldete Kull sich ab und avisierte Meiringen Tower über die inzwischen erloschene Feuerwarnung.

In der Landekurve erhielt er vom Pistenwart Rot.

»*Gopfertami, was ist denn jetzt schon wieder los, ich will landen!*«

»*Carello!*«, krächzte der Pistenwart in die Leitung. Oha, dachte sich Ammann und musste sich klemmen, um die Funktaste nicht zu drücken, damit man sein Triumpfgeschei nicht hören konnte.

Ist das ein Feuerwerk.

Kull hat sämtliche Segel gerefft, auch der kann mal nervös werden, lachte er höhnisch in die Maske. *Kull* fuhr die Räder aus, landete problemlos und das Feuerlöschfahrzeug, das ihn begleitete, kam nicht zum Einsatz.

Ammann landete dreißig Sekunden hinter ihm, und als er die Leiter hinunterstieg, suchten Mechaniker bereits den Rumpf von *Kulls* Flugzeug ab.

Kull trug den Vorfall ins Übergabeblatt ein und schürzte dabei seine Lippen so, dass die Schnauzhaare waagrecht vorstanden. Sichtbar betreten unterrichtete er den Hallenmeister.

Als Ammann dazustieß, schlug *Kull* seine Haxen zusammen und meldete sich bei ihm mit Achtungstellung und Armesündermiene zurück, gerade so, als hätte er sein Vermögen verspielt. Eine militärische Respektbezeugung, die er ansonsten nicht einmal im Traum in Betracht gezogen hätte. Beide dampften aus ihren Kragen, als sie helmschwingend zurückmarschierten.

Für einmal blieb *Kull* die Spucke weg.

»Blöd gelaufen, doch deswegen wirst du wohl nicht ausgepeitscht«, eröffnete Ammann das Debriefing. Der Zürcher, der sich sonst das Wort nicht gerade leicht abschneiden ließ, zuckte wortlos die Schultern und setzte mit einem blutunterlaufenen Auge ein steinernes Lächeln auf. Es war eine Vorstellung zum Abrüsten. Für einen wie ihn war das die kapitale Schlappe, der Super-GAU, der keiner Zurüstung mehr bedurfte. Er hatte nicht verhandelbare Vorschriften verletzt. Was für ein vergifteter Tag!

»Hast du eine Erklärung für die Feuerwarnung?«

Kull schwieg ihn immer noch mit blutarmer Bettlermiene an und blickte wieder trübsinnig zu Boden. Bling-Bling, Blasiertheit und Zeuseln waren ihm völlig abhandengekommen.

»Bis anhin glaubte ich, dass Fliegen nur eine Richtung zulässt …«, zog Ammann ihn auf. »Du musst ja die Sache auf dem roten Formular nicht so im Detail beschreiben, aber *Kiema* will es sicher genau wissen«, kam er ihm dann aber gleich entgegen, im vollen Bewusstsein, dass *Kull* in den kritischen Phasen – um dieses Gefecht zu gewinnen – mit der Start- und Kampfleistung *torino rosso*, sprich länger als die erlaubten drei Minuten pro Flug, den Leistungshebel voll an den vorderen Anschlag geschoben hatte. Dadurch war das Triebwerk übermäßig beansprucht worden und hatte an einer schwachen Stelle nachgegeben.

»Wie viel *g* hattest du?«

»8,3«, ließ sich Kull kleinlaut und mit saitenstraffer Oberlippe vernehmen.

Die zweite *g*-Überschreitung innert vierundzwanzig Stunden.

Trotz der Kälte erschien ein Schweißfilm auf seiner Stirn. Seinen Zustand konnte man nur als erbärmlich beschreiben, tief liegende Augen, fremder Blick, als hätte er mit einem Finger in eine Steckdose gefasst. Sein Kinn zitterte und er kämpfte mit den Tränen. Nachdem er in der

Tasche erfolglos nach einem Hölzchen gefummelt hatte, begann er mit den Fingern zu knacken.

»Trotz allem Schwein gehabt«, sagte Ammann ohne Aufregung, ohne weiter zu bohren, weshalb er plötzlich so abgesoffen und ins Trudeln geraten war. Was brachte es, in seinen Wunden zu stochern? *Kull* war die Butter völlig vom Brot gefallen. Keine Frage, dass er bei nächster Gelegenheit blankziehen und diese Scharte auszuwetzen versuchen würde.

Doch zunächst folgte der Canossagang.

Mit leichenbitterer Miene, fast schwermütig und steif, als hätte er einen Besenstiel verschluckt, meldete sich *Kull* beim Staffelkommandanten zurück. Was für ein absurdes Bild! Wie ein Primaner hing die Revolverschnauze in ihrem *g*-Sack. Sein Adamsapfel hüpfte pausenlos auf und nieder, und als er den Vorfall bis ins Kleinste schildern musste, presste es ihm das Wasser in die Augen.

Kieser forschte in *Kulls* ungewohnt demütiger Miene, die von Rot auf blass wechselte.

»Schöner Schmarren. Was soll ich da machen? Dich anpfurren oder gar einsperren?«, sprach *Kiema* anfänglich entrüstet, um dann langsamer und pointierter fortzufahren, »oder dich nach Hause schicken? Gestern eine *g*-Überschreitung und bereits heute da capo! So geht das nicht weiter, Egon. Unsere Flugzeuge sind nicht dazu da, um sie schon in Friedenszeiten zu zerstören. Nimm dich in Acht, *Kull* – das kannst du nämlich –, und wenn das wieder geschehen sollte? Zumindest scharfen Arrest oder gar Entlassung!«, sprach Kieser düster und schüttelte nachdrücklich den Kopf. Er federte in den Gelenken und grimmige Falten zogen sich in seine Stirn. Dann schaute er *Kull* lange in die Augen. »Rotes Formular ausfüllen, Fehler analysieren und das nächste Mal …«, schrie er den armen Sünder an »… besser machen!«, brabbelte der Pönitent bräsig.

Bar jeglichen faulen Spruches verzog er den Schnauz, als hätte er eben Galle getrunken. »Selbsterkenntnis ist die beste Voraussetzung für eine Veränderung«, resümierte Kieser.

Kull atmete auf, löste seine ineinander geflochtenen Finger, hockte sich aus den Tiefen des Innern seufzend hin, klaubte ein Hölzchen aus der Schublade hervor und begann die peinliche Geschichte auf dem verhassten »Roten Formular« niederzuschreiben, damit sich das Kommando Flugwaffe in Bern ebenfalls noch beurgrunzen könne. Kull wäre nicht *Kull*, hätte er nach Schock und seelischem Tiefstand die Schnauze halten können: Fliegen ist für die Vögel, sonst hätte man den Menschen Federn wachsen lassen.

14

Kiema seufzte, »Eigentlich habe ich dem Gefreiten Fetsch noch einen Rundflug versprochen. Zudem sollte man den Fünfzehnern in St. Stephan ein Couvert vorbeibringen.«

»Und?« Ammann guckte ihn verwundert an.

»Hättest du keine Lust, diesen P-3-Flug zu übernehmen? Ich würde dann gerne an deiner Stelle noch einen Luftkampf mitfliegen.«

»Der Keil der Warmfront rückt an«, äußerte Ammann seine Bedenken.

»Und der Plafond ist schon rapide abgesunken. Ob du noch genügend Höhe hast, um die geplante Luftkampf-übung durchzuführen? Mmh, glaube kaum. Max, das entscheidest du, und ich übernehme diesen Rundflug. Das verbessert mir gleich den Flugstundensaldo.«

»Abgemacht! Fetsch hat guten Einsatz gezeigt und du kannst ihn in St. Stephan entlassen. Das liegt ja nur einen Katzensprung von seinem Wohnort weg. Da im Gepäckfach des *P-3* nicht genügend Platz vorhanden ist, lasse ich seine Ausrüstung durch die DMP nachsenden. Der Mann befindet sich zurzeit in der Kantine auf Abruf.«

Ammann ahnte nicht, auf was für eine Opferhandlung er sich da eingelassen hatte. Pfeifend stellte er den Helm in sein Fach und hängte mit dem *g*-Anzug die wirklich heißen Phasen dieses Dienstes in den Kasten.

Nada Kaffee, gleich loslassen, sagte er sich, erledigte das Papier und rief die Kantine an.

Fetsch trabte freudestrahlend im langen Soldatenmantel an, legte eine dünne Mappe auf den Tisch und erstarrte in einem astreinen Männchen.

»Ruh'n!«, löste ihn Ammann aus der Achtungstellung.

»Unterbach-Lenk einfach? Nicht wahr?«

»Wenn Sie das so richten könnten.«

»Auch schon geflogen, nehme ich an.«

»Dass ich meinen ersten Flug ausgerechnet mit Ihnen machen darf, ist mir eine große Ehre!«

»Nun übertreiben Sie mal nicht, Gefreiter Fetsch.

Ich heiße übrigens Hans, Staffelname *John*, wir sind da nicht so formell.«

»Albert«, antwortete Fetsch überrascht.

Ammann reichte ihm die Hand.

»Nun, Albert, es ist wohl angenehmer, wenn ich dir die wichtigsten den Flug betreffenden Punkte gleich hier in der Wärme erkläre.« So kam er auf das zweisitzige Trainingsflugzeug *Pilatus P-3* und seinen 260 PS starken *LYCOMING* Sechs-Zylinder-Motor zu sprechen, erklärte ihm, dass die sogenannte Interphone-Taste der einzige Knopf im Cockpit sei, den er drücken dürfe, um mit ihm zu sprechen, und ab welcher minimalen Höhe und wie das Flugzeug notfallmäßig mit dem Fallschirm zu verlassen sei. Fetsch legte einige Furchen ins Gesicht und las ihm jedes Wort von den Lippen ab.

Nachdem Ammann die Anschläge an den Wänden der Flugdienstleitung konzentriert studiert hatte, wobei ihn die angekündigte Warmfront besonders interessierte, und der Beamte in der grauen Büroschürze bestätigte, sie würden auf der Axalp immer noch schießen, eilte das ulkige Gespann zum Flugzeug.

Hier Ammann, der die graue Fliegerjacke über der luftigen hellgrauen Sommercombinaison trug, deren Sitzfläche schon vom mehrfachen Hocken auf dem Schleudersitz zeugte. Und neben ihm der kleine Gefreite, der in sackgroben Hosen und klobigen Marschschuhen Spagat um Spagat unter dem schwer schleppenden Kaput hinlegte, um mit dem Oberleutnant Schritt halten zu können.

»Groß in die Berge fliegen werden wir wohl nicht mehr können«, brummte Ammann, als sie beim *P-3* ankamen.

Den Motor hätten sie schon vorgewärmt, meldeten die beiden Meccanos dienstbeflissen die Bereitschaft. Ammann verstaute Fetschs Mantel und die Mappe im nicht ausgekleideten Gepäckfach und half ihm, ins Cockpit zu klettern.

»Das ist der Dachabwurfhebel, das die Funktaste und hier musst du herzhaft ziehen, um nach dem Absprung, ich betone nochmals nach dem Verlassen des Flugzeuges, den Fallschirm zu öffnen.« Fetsch schaute ihn aus tellergroßen Augen an. »Der Mechaniker wird dich nun angurten und dir den Kopfhörer aufsetzen. Viel Vergnügen!«

Nach diesen knappen Worten band auch Ammann sich an, kurbelte eilig das linsenförmige Dach zu, setzte Kopfhörer und Mikrofon auf seinen Giebel, um gleich die ersten Checklistenpunkte durchgehen zu können.

Leistungshebel drei Zentimeter nach vorn, Propellerhebel vorn, Schnellschlusshebel zu, und so fort, bis er vom Mechaniker das Freizeichen erhielt und den Starterknopf drücken konnte. Der Anlasser ächzte wie bei einem alten Chevi, die drei Derwisch-Säbel begannen sich zu drehen und die sechs Zylinder feuerten sogleich. Die Maschine ging vorne leicht in die Knie und bald röhrte der Motor mit tausend Umdrehungen pro Minute metallisch hart dahin. Erwartungsgemäß war der Motor schon warm und alle Werte waren auch beim Leistungscheck im grünen Bereich.

»Hallo Albert!«, schreckte Ammann Fetsch auf, worauf dieser nickte.

»854 taxi!« Mit der Rollbewilligung drehte Ammann beide Daumen auswärts, die Radschuhe wurden entfernt, er löste die Bremsen und sanft rollte die Maschine an.

»Alles okay?«, sprach er Fetsch auf der Gegensprechanlage am Pistenanfang abermals an.

Es dauerte, bis dieser die Taste gefunden hatte und mit Okay antwortete.

»Also, ab die Post!« Kaum gesagt, drehte der Propeller hoch und die Maschine zog mit dem *P-3*-eigenen harten Motorenlärm rasch an. Beim Passieren der rot-weißen Marke auf dem Geschwindigkeitsmesser zog Ammann das Höhensteuer leicht gegen sich, Flugzeugnase und Bugrad hoben ab und bald verließ das Hauptfahrwerk die Piste. Räder bremsen, Fahrwerk ein. Ammann zog eine Schlaufe um Meiringen und kletterte an Brienz vorbei die Tannhornkette entlang hoch, indessen sich über ihm seine Kollegen auf der Schießvolte drehten. Im Vergleich zum *Hunter* musste jeder Höhenmeter mühsam erarbeitet werden.

»Iseltwald, dort drüben! Kennst du sicher!«, fragte Ammann, der diese Gegend längst besser als seinen Hosensack kannte. Im Spiegel verfolgte er den Bärtigen, der unsicher umherschaute und nickte. So flogen die beiden

216

immer noch steigend an Interlaken vorbei, das nördliche Ufer des Thunersees entlang und genossen die Aussicht, obwohl die Landschaft mangels Sonne nicht mehr ganz so farbenprächtig prangte. Spiez grüßte bereits mit seinem Schloss auf dem Riegel und den im Hafen vertäuten Booten, als es höchste Zeit war, Kurs Richtung Simmental zu setzen.

Die Warmfront war ante portas: Richtung Bern sah es bereits ziemlich verhangen aus, und dass sich der Himmel zusehends verdüsterte, störte Ammann, den alten Hasen, nicht wirklich. Sein Ziel war St. Stephan und das Wetter hatte er im Griff. Über Wimmis zeigte sich das Tal zwar unfreundlich, ja gar als sinisteres Loch, aber die Wolkenuntergrenze war genügend hoch. Immer noch »befliegbar«, fand Ammann, und den von der Aussicht beeindruckten Passagier kümmerte das eh nicht weiter. Einige Kilometer später hing ein Nebelsack durch und Ammann musste doch schon einige Hundert Höhenmeter preisgeben, beurteilte die Lage aber, so weit er das Tal westwärts bis zur 45°-Krümme bei Oberwil übersehen konnte, nach wie vor als ziemlich koscher.

Ziemlich, fand er, und ziemlich fand auch sein Bauchgefühl.

Vorerst ging es mit Kurs Südwest weiter und er wollte noch keinen Zielwechsel vornehmen, leitete aber doch eine sogenannte Abdeckkurve, einen Schlenker ein, um einen Blick nach hinten werfen zu können.

Zu seiner Überraschung hatte dort Frau Holle bereits damit begonnen, ihr Federzeug auszuschütten, und die Wolkenbäuche hingen bedrohlich durch. Hier hätte das Tal ein Umdrehen noch problemlos erlaubt und eine

Rückkehr nach Interlaken oder Meiringen wäre just noch möglich gewesen.

Hätte und wäre!

Vom Ziel getrieben, schob Ammann diesen Entschluss nochmals hinaus: für eine oder zwei Minuten vielleicht. Die Zeit, um sich um seinen Passagier zu kümmern, hatte er bereits nicht mehr.

»Scheiße!«, fluchte er laut vor sich hin, ohne die Sprechtaste zu drücken, als er nach einer weiteren S-Kurve feststellte, dass ihm Petrus den Rückweg endgültig abgeschnitten hatte. Nur wenige Kilometer hinter ihm schneite es bis in die Talsohle hinunter. Diese Chance war vertan, es blieb nur noch die Flucht nach vorn und die Hoffnung, dass die Mausefalle nicht noch endgültig zuschnappen würde. Und ob sie zuschnappen würde.

»Gottverdammter Scheibenkleister!«, fluchte Flugkapitän Ammann, er, der im Flugzeug selten solche Worte gebrauchte. Eben hatte er Boltigen passiert, den Punkt, wo das Tal nach einer weiteren 45°-Biegung nach Süden führte. Und just als er diese Kurve einleitete und sich der Blick um die Talbiegung weiter öffnete, traf ihn beinahe der Schlag. Ein Gemisch aus Wolken und dichten Schneeschauern versperrte ihm endgültig den Weg.

»Du heilige gottverdammte Scheiße!« Nun packte ihn die Angst an der Gurgel und drang wie ein Gas in seinen Körper. »Gottverdammte Scheiße«, fluchte er ein weiteres Mal, zog die Vergaservorwärmung und stellte das Flugzeug auf den Kopf, um auf Bahnlinie, Straße und Flüsschen abzutauchen. Die Simme, nicht allzu markant, erachtete er ihrer Biegungen wegen als nicht verlässliche Leitlinie. Vor allem den Kontakt zur Bahn durfte er um alles in der Welt

218

nicht verlieren. Sie wurde Knall auf Fall zur Nabelschnur, die auch garantierte, dass er kein Seilbahnkabel rammen würde. Diese durften in der Regel Starkstromleitungen nicht überqueren. Noch nie war er in eine so missliche, ja ausweglose Situation geraten, noch nie hatte er sich selber so in des Teufels Küche manövriert. Nur eines war sicher, er war sich sicher, dass er nur noch zwischen Pest und Cholera wählen konnte.

Klare Konturen gab es längst nicht mehr.

Vorbei!

Du Vollidiot, du!

Lieber Gott, lass Fetsch und mich leben.

Herr, erbarme dich unser!

Mutter Gottes, hilf mir!

Selbst den »Englischen Gruß« kannst du nicht mehr, hast es vor Zeiten verlernt!

Das Amulett!

Im Geldbeutel! In der Overalltasche, am rechten Schienbein! Christophorus wird dir helfen! Doch du hast nun wirklich keine Zeit, um nach dem Amulett zu greifen!

Tilge die Demut aus dem Hirn!

Jetzt wird geflogen!

Du und deine ganze Kunst sind gefragt!

»Flieg, *John!* Kämpfe!«, schreie ich mir laut und entschieden zu.

Ein letzter Blick auf Fetsch im Spiegelchen. Hat mich wegen Kopfhörer und Motorenlärm nicht hören können, lässt immer noch unschuldig die Welt an sich vorüberziehen.

John, jetzt geht es um Leben und Tod.

Das darf doch nicht wahr sein.

Meine liebe Frau, meine Kinder.

Vergiss es!

Flieg, Mensch, flieg!

Da vorne ist Weissenbach. Kenne ich noch von Angriffen her. Es ist bereits dunkel. Beleuchtung ein!

Nur ja den Blick nicht von meiner Referenz wegnehmen!

Handwechsel am Steuer, drehe blitzschnell die drei Rheostate an der rechten Bordwand für UV-Beleuchtung der Instrumente und Rotlicht des Innenraums auf und taste mehr oder weniger blind mit dem rechten Zeigefinger – der aus einem Loch im Ziegenlederhandschuh guckt – nach den Schaltern für Scheinwerfer und Positionslichter.

Handwechsel!

Nun bin ich unten, fünfzig Meter über dem Fahrleitungsdraht, und schon fetzen die ersten Flocken vorbei. Das vermaledeite, zu allem entschlossene Schneegestöber wird noch dichter, ich muss noch weiter runter, aber rasch, sonst verlierst du die Bahnlinie. Trotz gemütlich beleuchteten Innenraums ist guter Rat teuer: Eine Umkehrkurve lässt dieses enge V-Tal *seit Langem* nicht mehr zu, und ein sicherer Steigflug?

Was für eine törichte, sicher tödliche Variante!

Vergiss es!

Dazu reichen die 260 Pferdestärken meines *LYCOMING* bei Weitem nicht und der Absprung hätte viel früher, sprich höher erfolgen sollen, vor allem mit einem unerfahrenen Passagier.

Ein Tal unter dem Bahrtuch.

Streife die Angst ab, es gibt nur noch die Flucht nach vorn.

Lebe in der Zukunft, die Gegenwart ist bereits unwichtig. In Ewigkeit, Amen.

Noch hat der Klabautermann nicht vernehmlich an die Bordwand geklopft, und doch haftet jeder Sekunde ein Hauch von Ewigkeit an.

Schweiß rinnt mir von den Kopfhörern den Hals hinunter.

Nun bin ich bald am Boden, tiefer geht nicht mehr, ich wickle schier den Fahrdraht auf die Luftschraube und folge ihm dennoch nach nirgendwo.

Nur keine Tunnels!

Herrgott, nur keine Tunnels!

Sicher bin ich nicht. Viele können es nicht sein, vielleicht einer oder zwei?

Einer genügt, um den Sichtkontakt zu verlieren, dann gute Nacht. Plan B?

Einfach ins Loch hineindonnern, sich die Flügel abscheren lassen und im Rumpf die Energie ausschlitteln.

Und der Fahrdraht?

Und die aufgerissenen Tanks?

Ein gutes Gemisch.

Glaubst du, du würdest dort drin einfach so zufrieden ausrutschen können?

Räder ausfahren …!

Die sind in den Flügeln verankert, die reißt es dir gleich weg, und der Rumpf würde sich todsicher verkeilen, todsicher!

Und wenn du in diesem Büchsensalat nicht verglühen würdest, käme sicher noch ein …

… da steht ja einer!

Eindeutig! Wahrscheinlich im Bahnhof Weissenbach.

Drei weiße Lichter und rechts gleich neben ihm taucht ein Auto auf. Seine beiden Scheinwerfer sind wesentlich heller und kaum entdeckt, schon sind sie weg.

Wo ist das Gleis?

Ah, da, am Waldrand entlang.

Weiße Wipfel auf Augenhöhe, und wie aus einem riesigen Gebläse geschleudert schießen die Schneeflocken zu Abertausenden auf mich zu und lassen mich die Bahntrasse kaum noch erahnen. Ein berauschend tödlicher Anblick.

Speed behalten, gepachtete Energie, wenn es plötzlich bergauf gehen sollte.

Eine leichte Rechtskurve.

Ich husche zwischen zwei Häusern durch und schwupps, dreht es eng nach links, kurz geradeaus und wieder leicht nach links und da ... ganz schwach ein rotes Licht!

Wieder ein Zug?

Klar, der talaufwärts Fahrende, der den anderen in Weissenbach gekreuzt hat ... überholen! So langsam fliegen gibt die Aerodynamik nicht her ... überholen!, und kaum über dem roten Licht, verschwindet es in einer Ausstülpung, in einem schwarzen Loch ... hochziehen, verdammt, Ammann hochziehen, aber nicht zu viel ... Kurs halten ... ein Felsriegel ... ist mir nicht allzu markant in Erinnerung ... Tempo hast du genug, einfach den Hang hochfahren, nicht anprallen und hoffen, dass keine Tanne im Weg steht ... und oben keinen Stacheldrahtzaun mitnehmen, da grinst er ... dieser vermaledeite ... ein Bauernhaus links ... schemenhaft ... ein Telefonmast rechts voraus ... unten durch ... Tannen? ... eine ..., zwei ..., zwischendurch ..., noch eine ..., die eine Sekunde, die der

222

Ewigkeit entspricht …, Herr begnadige mich …, da …, es geht wieder abwärts …, da unten der Zug! … da ist er wieder, die Lok verlässt das Loch …

Jaa, da kommt sie wieder …!

Nun rasch auf den Fahrdraht hinunter!

Diesen Ariadne-, nein, diesen Seidenfaden darfst du nie mehr verlieren, sonst ist es aus. Langsam glaube ich an das Gelingen. Hast du ihn grinsen gesehen? Hast du die beiden gelben Augen gesehen, wie die aus dem einen Fenster starrten?

Pump den Teufel doch um etwas Glück an, und vor allem schnauf, *John*, schnauf!

Nur kein technisches Problem, hätte gerade noch gefehlt, und Treibstoffvorrat …? Beide Tanks sind noch halb voll. Wenn der Nebel nicht dichter wird, werde ich es schaffen. Rote Blinklichter, die Gleise kreuzen die Straße, Steinbruch rechts, Simme links, und hallo, wieder verschlaufen sich die Schienen, unterqueren einen kleinen Weiler, fliehen können sie nicht, die lieben, sie führen unmittelbar an dem Flüsschen entlang, nun ein langes, gerades Stück, richtig erholsam, aufgepasst, sich nicht zu frivol fühlen, den Ball flach halten, nun geht's leicht nach rechts, immer schön den Schienen folgen, wieder leicht links, dann geradeaus, nächste Station die Ebene von Zweisimmen, hier läge eine kurze Hartbelagpiste.

Läge!

Herr, lass hier die Wolkendecke aufreißen, nur hier, zwei Minuten würden genügen!

Vergiss es!

Die Simme verschwindet links, löst sie einfach auf, rechts ein Weiher …, diese Piste findest du nie …, zu schlechte Ortskenntnis, im Direktanflug schon gar nicht, und kurven bedeutet den sicheren Abtritt. Zumindest kommt ab jetzt sicher keine Steigung mehr. Nun dreht sich die Hauptstraße weg …, bleib auf deinem Faden! Zufrieden wummert der Motor, Drehzahl weiß, 2750 RPM, wenigstens das. Nur einen sekundenschnellen Blick ins Cockpit …, nur nicht schauen, sonst rennen dir die Zeiger noch von selbst davon. Und die Flügel? Sollen fliegen, tragen, die Schweizerkreuze siehst du eh nicht, und ob die Tragflächen vereist sind oder nicht, ändert nichts, kann sie eh nicht enteisen.

Da, ein Licht, das Gleis teilt sich auf …, verzweigt sich weiter …, und schon donnere ich im Expresstempo in den Bahnhof ein. Die Zuversicht wächst.

Zwei Leute schauen erschreckt vom Bahnsteig hoch, haben keine Zeit zu winken, schon vorbei. Da …, ganz schwach ein rotes Schlusslicht …, ein weiterer Zug …? Eine Fensterreihe dreht wie eine *Toblerone* im rechten Winkel nach links …, Gott hat dir einen Lotsen gesandt …, nimm die Speed unter Weiß, unter zweihundert zurück …, flaps etwas raus, das ist der Zug nach der Lenk!

Doch …? … hier gabeln sich die Spuren …, der Zug geht in eine leichte Rechtskurve …, Ammann, pass auf …, pass verdammt gut auf …, dieser Zug fährt nach Saanenmöser-Gstaad!, schießt es mir ins Hirn.

Mensch, los, augenblicklich auf den linken Strang!

Das muss es sein, das Gleis nach der Lenk, *lock on*, anhängen, *John*! Wie kommt mir doch zugute …, der wird dich nach St. Stephan führen – wie segensreich …, das war knapp, Ammann, die Trasse nach Saanenmöser steigt nämlich nächstens an und … wieder stiert er mich aus gelben, schrägstehenden Satansaugen an …, wie kommt mir doch zugute, dass ich einst in St. Stephan Dienst leistete. Geo- und Topografie kenne ich noch aus dem Effeff. Nur diese Bahnlinie, die sich nach wenigen Metern in der Unendlichkeit verliert, um alles Verrecken nicht verlieren, »Gopfertamisiech« …, nicht fluchen …, eine scharfe Linkskurve! Klammere dich weiter an die Fahrleitung, sie ist dein letzter Trumpf, wenn du diesen Seidenfaden verlierst, ist schneller Feierabend.

Der heilige Stephan …, ein verlässlicher Lotse? Will ich lieber später kennenlernen, nur zu deiner Landepiste führe mich bitte!

Frequenzwechsel?

Funkaufruf mit St. Stephan?

Vergiss es, viel zu gefährlich. Nur wenige Kilometer noch, vielleicht einen oder zwei? Es kann sich nur noch um Sekunden, endlos lange Sekunden handeln, ausharren, kämpfen, Hausfassaden, schemenhaft, wie durch Milchglas, nicht wichtig, aber nicht rammen, Andreaskreuz reiht sich an Andreaskreuz, doch irgendwann muss diese verdammte Sägerei kommen, das riesige Holzlager kann ich doch nicht übersehen haben, wenn ich dieses Holzlager übersehe … denke nicht daran! Jedenfalls folgt dahinter gleich der Pistenanfang. Doch dieses verfluchte Geleise, es schlängelt sich so unschuldig durch die weiße Nacht, als wäre unsere höchste Lebensgefahr nicht existent. Es schneit nun dichter und dichter, ich sehe das Gleis kaum mehr.

Und wieder grinst er.

»Hau ab!«, schreie ich.

Hänge dich an den Faden, aber schneide ihn mit dem Propeller nicht durch. Jederzeit kann der Nebel die Sicht auf null reduzieren, bitte lieber Gott, lass uns nicht im letzten Moment noch sterben, sende uns endlich diese Sägerei, wieder eine Weiche, ein namenloses, gottverlassenes Bahnhöfchen, und immer wieder kitzelt das schwarze Bett des Flüsschens unseren Seidenfaden, nun eine Linkskurve, ein oder zwei Hausfronten tauchen auf, St. Stephan City?

Nichts heimelt mich an.

Durchhalten!

Sie muss gleich auftauchen, doch … da, Bretterbeigen huschen im Schneetreiben vorbei, hautnah, eine, mehrere, viele, eine ganze Wand, wir sind angekommen, noch nicht, nein, einen Kontrollblick auf das Sägewerk links?

Ja nicht!

Existiert nicht! Zumindest für dich nicht!

Den Faden nicht verlieren!

Bahn, Fluss rechts, gleich muss die Piste auftauchen.

Piste?

Schwarze Piste?

Denkste … da, leicht *rera*, eine weiße Fläche, das muss sie sein, nicht fragen, jede weiße Fläche ist als Landeplatz gut genug, richtig, also Fahrwerk raus, Landeklappen raus, Gas reduzieren, Pistenschwelle nicht ausmachbar, weder ausgeflaggt noch beleuchtet, man kann nicht alles haben, es gibt deshalb auch keine Lampen zu überrollen. Die Piste ist eh lang genug, aber was ist Piste und was ist Wiese, hier das könnte der Riemen sein, Konturen einer Fangnetzaufhängung erkennbar, hurra, wir sind in Pistenachse, Gas ganz weg und abhocken, hock doch endlich ab in diese feine Watte …

Wir sind sesshaft geworden und haben es überlebt!

Und endlich den Turm aufrufen.

»*Willkommen in St. Stephan!*«, haucht einer, in dessen Stimme Zweifel, Schock und Besorgnis eingebunden sind.

»*Folgen Sie dem Jeep rera!*«

Wo ist der? Wo ist in dieser heiligen Natur überhaupt ein Flugplatz? Der von St. Stephan, der doch so lieblich in die Alpen gebettet ist und auf dem im Sommer die Kühe zufrieden das Gras vom Büschel rupfen und öfter, Schwanz hoch, dem heißen Abgasstrahl der Jets zu entfliehen versuchen?

»*Jeep? Ich halte mal an!*« In was für einer völlig surrealen Welt sind wir niedergekommen?

Doch wir sind noch nicht im Himmel, wir sind am Leben!

»*Sie müssen ihn gleich sehen, rechts, wie gesagt.*«

Ammann ging inzwischen die Checkliste durch und erkundigte sich nach Fetsch. Ziemlich entgleiste Gesichtszüge und schreckgeweitete Augen schimmerten im Spieglein.

Doch wir sind am Leben! Wir sind am Leben, spreche ich, *John* Ammann, vor mich hin.

Tatsächlich tauchten aus dem Schneegestöber die Lichter eines Fahrzeuges auf, das einen 180er in den Schnee legte und dessen Hecklichter Ammann folgte. Noch während sie wie auf Watte Richtung Standplatz rollten, hörte Ammann von hinten einen hohen, gezogenen Ruf, der abrupt in einem Würgen erstickte.

Mich erwischst du nicht mehr!

Als er dann mit dem gelben Schnellschlusshebel dem Motor die Benzinzufuhr abstellte, vorsichtig das Capo öffnete, süchtig die frische Luft einziehend, die Gurte löste und den Stachel des Todes aus der Brust riss, hatten sich bereits fünf Zentimeter Neuschnee auf die Flügel gesetzt. Ausgesprochen feierlich war ihm nicht zumute. So sieht es aus, wenn man auf des Messers Schneide tanzt. Gleich wachte er wieder auf und seine ausdruckslose Miene entspannte sich.

Frau Holle pudelte kissenweise Federn ins Cockpit.

»Wie geht es?«, erkundigte er sich nach Albert, während er ihm beim Lösen der Gurte behilflich war.

»Fühle mich wie neu geboren …«, dann würgte es ihn wieder, noch im Sitzen, worauf ihm Ammann blitzartig den Kopf drehte und der Ärmste unverzüglich Schreck, Todesangst und die Reste des Mittagessens über Bord ablud.

»Tja, ich hätte dir einen froheren und vor allem schöneren ersten Flug gegönnt«, munterte Ammann ihn auf, als sie endlich wieder sicheren Boden unter den Füßen verspürten, und packte ihn gleichzeitig am Kragen.

»Du bist ja immerhin beinahe vor der Haustüre niedergekommen. Nun kotze nochmals, Albert! Mich kriegst du nicht! Nun lass diesen verdammten Kauz raus!«

Dieser mochte, so weit Ammann es erkennen konnte, aschfahl und grün im Gesicht, kaum mehr grunzen. Er sei an jenem Abend als Letzter vom *Rössli* nach Hause gekommen, ziemlich verladen, wohlverstanden, gestand er, und habe beim In-den-Schnee-Schiffen seinen Lieblingsruf abgesetzt.

»Aha«, sagte Ammann. »Das hättest du mal besser bleiben lassen!«

Als sei er im falschen Körper geboren, meldete sich Oberleutnant Ammann auf dem Kommandoposten beim

Staffelkommandanten und drückte ihm den offensichtlich wichtigen Brief in die Hand.

»Hat dir für einmal gründlich auf die Flinte geschneit, *John*«, versuchte der Kommandant, ein Swissair-Kollege, mit einer Miene, die so gar nicht zum Text passte, die Sache herunterzuspielen. »Dem Teufel vom Karren gesprungen, nicht wahr?«

»So ab Boltigen wurde es zunehmend eng, aber der Bote und sein Fluggast haben es, der Bahn sei Dank, überlebt«, sprach *John* Ammann mit erzwungenem Lächeln und mit Blick auf Fetsch, der Haltung anzunehmen versuchte.

»Und nicht zuletzt auch dank deiner Kaltblütigkeit und Professionalität, zu der ich dir gratuliere, und des stets nützlichen Quäntchens Glück!«, bemerkte der Kommandant und klopfte ihm auf die Schulter. »Gut gemacht, *John*!«

»Na ja, danke. Den Gefreiten Fetsch könne ich hier entlassen, hat man mir aufgetragen. Er wohnt in der Lenk. Und wie denkst du, dass ich heute Abend noch nach Meiringen komme?«

»Nach einem heißen Tee setzen wir dich wieder in den *P-3*, denke ich.«

»Scherzkeks!«

»Jeep?«

»Bleibt mir wohl nichts anderes mehr übrig.«

Nachdem er sich telefonisch bei seiner Staffel zurückgemeldet hatte, begab er sich mit Wolldecken unter dem Arm und Fetsch im Schlepptau zum Jeep.

Der Motorfahrer war dabei, das Gefährt vom Schnee zu befreien. Als er den Oberleutnant sah, unterbrach er, schlug die Nagelschuhe zusammen und meldete sich za-

ckig mit »Motorfahrer Müller« an. Dann bestiegen sie das
eiskalte Vehikel, der Motor sprang nach einigen Umdrehungen an und Müller versuchte, schwer über das Steuer
gebeugt, im zweiten Gang den Rollweg zu finden, der sie
via Pistenende zum Holzwerk bringen würde. Dort wurden sie bereits von einem roten *Toyota Corolla* mit Berner
Kontrollschildern erwartet, dem alsbald eine junge Frau
im Skidress entstieg. Sie lachte über das ganze Gesicht und
rannte stürmisch auf Fetsch zu.

Ammann, immer noch in Overall und Fliegerjacke, begrüßte die Dame, nachdem sie sich befreit hatte.

»Savannah. Mit *Plane* gekommen?«, fragte sie.

»Per Jeep«, antworteten die beiden Herren.

»Albert, damit bist du nun offiziell aus dem Militärdienst entlassen«, wurde Ammann nochmals formell.

»Danke, *John*, wir sehen uns«, verabschiedete sich
Fetsch, dem die Farbe wieder ins Gesicht zurückgekehrt
war.

Kaum hatte Ammann wieder Platz genommen, hörte
er eine wilde Taube schreien …

15

Alles andere als saisongerecht gekleidet, hüllte sich Ammann unverzüglich wie ein altes Weib in die Wolldecken und rekelte sich auf dem eiskalten Kunststoffbezug des als Sitz gedachten Rohrgestells. Der Jeep verließ das Sägewerk und näherte sich in einer weiten Rechtskurve den ersten Häusern von St. Stephan. Die am oberen Rahmen der nach vorn klappbaren Frontscheibe montierten Motörchen trieben ihre Wischer an, die ebenso verzweifelt gegen das Geflocke ankämpften, wie die kaum spürbare Heizung gegen die Kälte anrannte, welche hartnäckig durch alle Ritzen ins Innere strömte. Ein Bauer trug die Milch in der Tanse zur Käserei. Ein anderer hatte mehrere auf den Pferdeschlitten gebunden. Nur der blecherne, unverwechselbare Jeep-Sound des Motors fiel in die Stille des Abends. Der junge Fahrer – dicker Soldatenmantel, aufgesetzte Policemütze – griff locker mit Wollhandschuhen den zerbrechlich wirkenden, auf drei Speichen montierten Steuerring ab. Wie ein Rallyefahrer bediente er mit seinen klobigen Schuhen die Pedale auf der schlüpfrigen Fahrbahn. Bald näherte er sich einem Drehlicht.

»Wenn der bis Spiez pfadet, sind wir morgen noch nicht am Ziel«, frotzelte er, wobei er sich auf vernünftiger Distanz zum Salzstreuer hielt.

»Ja«, knurrte Ammann aus einem Zustand der Erschlaffung.

»War nicht gerade tolles Flugwetter, nicht wahr?«, versuchte es der Fahrer erneut.

»Wir haben keine Eile«, muffelte Ammann und schloss das linke Auge, um sich in seine Gedankenwelt zurückziehen zu können. Bedrohlich lag diese Heimfahrt vor ihm.

Müller warf ihm einen kurzen Blick zu, verstand und konzentrierte sich dann gleich wieder auf die nach wie vor schneebedeckte Straße. Mit halb geschlossenen Lidern verfolgte Ammann, wie der blinkende Lastwagen vorsichtig den Rand der Fahrbahn entlang fuhr und sein Fahrer den Jeep auf der Straße zu halten versuchte. Eine Häusergruppe folgte der anderen, dazwischen weite Kurven. Kurz vor Zweisimmen näherte sich das Bahngleis von links und kreuzte gemeinsam mit der Straße die noch jungfräuliche Simme.

Meine Nabelschnur, mein Seidenfaden. Wäre ich hier dem falschen Gleis gefolgt, wäre ich nicht mehr hier. Nach wenigen Hundert Metern steigt nämlich das Trassee den Hang hoch und verkriecht sich in der ersten Tunnelkehre. Ob »Grabstein« oder »Christophorus«-Münze? Einerlei. Sicher haben die Talismane nicht geschadet.

Es schneit immer noch heftig. Da vorne müsste eigentlich der Pistenanfang des Flugplatzes Zweisimmen zu sehen sein. Aber nada. Nun kreuzen wir die Bahn, nähern uns dem Bahnhof, wo erst vor Kurzem Zuversicht keimte.

Wir fahren in Zweisimmen ein.

Da kommt die Straße von Saanenmöser, Gstaad.

Thunstraße. Tönt gut. Der folgen wir.

Ein Steinbruch, von dem habe ich auf dem Hinflug nichts gesehen, blinkende Rotlichter, die Schranke ist unten, ein Zug überholt uns rechts, kreuzt die Straße und … verschwindet im Tunnel. Das war das erste gottverdammte Loch. Wie anders sieht das aus Jeep-Perspektive aus. Die Schranken gehen hoch, es geht leicht bergauf, Geschlängel in einem Einschnitt, gemeinsam mit der Simme, sie liegt etwas tiefer, ah, dort oben muss das Haus stehen, vor dem ich auf Fensterhöhe vorbeigeflogen bin. Vielleicht wäre es besser gewesen, hier der Straße zu folgen, statt über den Riegel zu fliegen. Ziehe mein Taschentuch zwischen den Wolldecken hervor, bin dem Heulen nahe.

Ich Trottel!

Ich Armleuchter!

Ich gottverdammter Armleuchter!

War das knapp!

Wie hing mein Leben doch an einem dünnen Faden.

Wie zwinkerte er mir bereits zu …, wie eine Vogelscheuche …, grinste mich dieser verfluchte Schnitter aus seinen widerlich gelben Augen an.

»Wo ist der Pfadschlitten?«

Erst jetzt fällt mir auf, dass er fehlt.

»Der ist schon in Zweisimmen abgebogen. Doch auf dieser Straße war kürzlich auch einer unterwegs«, murmelt Müller.

Die Bahn nähert sich wieder von links und der Fluss liegt hart rechts.

Ammann, weißt du eigentlich, dass du erstmals ohne Flugzeug nach Hause kommst?

Man kommt nicht ohne Flugzeug nach Hause, Ammann! Gut, immer noch besser, als in einer Schuhschachtel. Weshalb hast du dich so nah an die Schwelle zur Ewigkeit gebracht?

Da stehen zwei Autos, fahren an, wir kreuzen wieder die Bahnlinie, die Schranken wurden wohl eben hochgezogen. Dort steht der Zug: Weissenbach. Hier hielt schon einer auf dem Hinflug …, klar, auf dem Hinflug. Ja, hier folgt die Straße der Bahn. Da kamen mir doch Autos entgegen.

Bist du dir eigentlich bewusst, was für ein Riesenschwein du hattest?

In deinem Alter?

Warum hast du dich mit deiner Erfahrung noch so auf die Äste hinausgelassen?

So ein Seich!

Hier links eine Staatsstraße, ah, Jaunpass, claro, hier kommt die Passstraße hinunter. In diesem namenlosen Kaff dreht die Straße 45° nach rechts, ein paar beleuchtete Fenster. Die sitzen wohl beim Abendessen. Nun kommt Boltigen. Hier begann das ganze Schlamassel und du hattest beinahe mit dem Leben abgeschlossen. Dieses verdammte Boltigen werde ich wohl nie vergessen. Blödsinn, das Schlamassel begann doch viel früher.

Das war knapp, da war ich nahe bei den Engeln oder beim Teufel, wie man's nimmt.

Beinahe …

Mir wird speiübel. Jetzt reihere aber nicht auch du noch! Das ist doch Teil des Pilotendaseins.

Fehler macht jeder, man muss sie sich selber immer wieder vergeben können, dozierst du doch immer. Aber tödliche?

Arme Nina, arme Kinder. Wie würden sie Mamis Hand in Tränen baden.

Wie die tiefe Mutlosigkeit steigen Abendnebel aus dem Flussbett. Ich habe es eigentlich angenehm warm. Die Kollegen werden bereits in Meiringen beim Apéro sein. Im versifften *Flora* oder im *Sherlock*, wahrscheinlich. Ohne mich. Leider. Ein feines Pfeffersteak wäre schon wieder einmal fällig gewesen. Dann anschließend einen Drink im *Sauvage*. Wieder einmal einer aparten Frau ins Dekolleté gucken.

Blödsinn, Schwachsinn, Mann!

Falsche Ziegen.

»Immer noch fit?« Ammann drehte sein Gesicht dem Fahrer zu.

»Topfit, kein Problem!«, gab Müller zur Antwort.

»Wenn Sie müde werden, sagen Sie es mir bitte beizeiten, dann gehen wir einen Kaffee trinken.«

»Mache ich doch, Herr Oberleutnant.«

»Wir kommen nächstens in eine etwas wärmere Gegend, der Schnee geht schon bald in Regen über. RASN sagen wir dazu in der Verkehrsfliegerei: rain and snow«, bemerkte Ammann. »Aufgepasst, es könnte aber auch *freezing rain* folgen, wie man ihn auf Englisch nennt; der kann den eiskalten Straßenbelag rasch in eine Eisbahn verwandeln.«

»Habe ich im Griff«, so der Motorfahrer.

Ammann schaute eine Weile zu, wie er elegant Kurve um Kurve nahm. Die Sicht besserte sich etwas. Die Frontscheibe erschien ihm wie eine Kinoleinwand. Straßenlampen, schwach beleuchtete Häuser, warme Fenster, Lagerplätze, Fabriken, eine von Menschen verlassene Fahrbahn. Der Jeep-Motor jammerte sein monotones Lied, zog sein Gefährt durch matschigen Schnee auf eine eintönige

Landstraße hinaus, die auf die nächste der hundert Kurven zulief. Baumstämme, Waldsäume, hin und wieder eine Telefonstange am Rand des Scheinwerferkegels. Ansonsten Weiß in Weiß.

Ammann schwamm auf der Zeit dahin, bis sich die Turmuhr in Erlenbach mit sechs martialischen Schlägen erbrach. Mit aller Kraft hielt er die Augen offen, doch irgendwann fielen sie ihm zu. Das Trauma dieses Fluges ließ ihn los und er träumte von zu Hause, von seiner Familie, von seinem Töchterchen, das morgen ihren sechsten Geburtstag feiern würde. Nina würde einen Kuchen backen und die Kerzlein würden brennen und die Gesichter würden vom warmen Schein umfangen sein und Dani könnte es nicht erwarten, die Lichtlein auszublasen.

Plötzlich ratterte und rumpelte es.

Ammann wurde abrupt gegen die Windschutzscheibe geschleudert.

Genickschuss, so ist er. Und wieder diese Augen!

»Gopfertami, was ist denn hier los?«

Er sah im Scheinwerferkegel, wie sie steil bergab rutschten, wie Schnee hochflog und wie mit einer Baggerschaufel über die Motorhaube geworfen wurde, wie die Wischer erfolglos wischten und der Fahrer am Steuer immer noch ruderte, obwohl es nichts mehr zu rudern gab, wie er nichts mehr sah und die Schlittenfahrt ihre eigene Dynamik annahm.

Offensichtlich war es Müller aber doch noch gelungen, den Jeep so in der Fallrichtung zu stellen, dass er sich während der endlos scheinenden Rutschpartie mit blockierten Rädern nicht überschlug und sich schließlich frontal in eine Schneewechte bohrte. Wie von Sinnen schaltete er auf

Vierradantrieb um und versuchte, im ersten Gang wegzu-
kommen.

»Stoopp!«, schrie ihn Ammann an und stieg aus.

»Zuerst beurteilen wir die Lage und putzen die Scheiben, bevor wir noch weiter abstürzen!«

Ammann versank bis zum Bauch im Schnee, schüttelte
den Kopf und winkte ab: »Hoffnungslos! Bis zum Unter-
boden eingegraben!«

Müller stellte den Motor ab, ließ die Scheinwerfer
noch Löcher in den Schnee brennen und stieg fluchend
aus.

»Nun erklären Sie mir erst einmal, wie es dazu kam!«,
schnauzte Ammann ihn an und buddelte sich frei. »Aus-
gerutscht oder eingeschlafen?«

»Ich kann mich nicht recht erinnern, vermutlich ein
Sekundenschlaf …«, stotterte Müller mit zitternder Unterlippe. »Auf jeden Fall drehte die Straße nach links, ich
konnte ihr nicht mehr folgen, begann zu schleudern und
ich konnte den Wagen just noch so hinkriegen, dass er
über die Kurvenaußenseite geradeaus in die Wiese fuhr,
die dann bald in diesen Abhang überging.« Beide verfolg-
ten die Spur zurück und stellten mit Schrecken fest, dass
sie nur wenige Meter an einem hölzernen Leitungsmast
vorbeiführte, zudem reckte an der Straße oben ein Baum
sein Geäst in den Nachthimmel.

»Schwein gehabt«, stammelte Müller und Ammann
schnaubte ärgerlich: »Oberaffenschwein.«

»Was nun?« Ammann griff sich an die Stirn, wo sich
bereits ein Höcker zu bilden begann.

Müller löste die seitlich am Jeep montierte Schaufel
und begann wie von Sinnen zu graben.

»Den kriegen wir so nicht frei, zudem halte ich es in meinem Sommerdress hier eh nicht lange aus. Also machen wir uns vom Acker! Auf, Richtung nächste Beiz! Diskutieren können wir auch auf dem Weg.«

So stapften die beiden durch knietiefen Schnee, stießen irgendwann auf einen Feldweg, der sich im Nichts verlor.

»Eigentlich gibt es nur zwei vernünftige Möglichkeiten«, meinte Ammann.

»Die wären?«, schnaufte der Motorfahrer.

»Am besten finden wir einen Bauern, der uns mit seinem Traktor rauszieht. Hier scheint ja einmal einer durchgefahren zu sein.« Mittlerweile folgten sie einer zugeschneiten Spur, die ein großer Reifen in den Schnee gedrückt hatte.

»Die zweite?«, fragte der Fahrer zerknirscht.

»Wir suchen ein Telefon und rufen den Armeemotorfahrzeugpark in Thun an, sie sollen uns abschleppen kommen, aber das würde dauern, die halbe Nacht, denke ich.«

Und bevor sie sich weiter Gedanken machten, entdeckten sie ein Licht, auf das der leicht ansteigende Weg zuführte und das schließlich zu einem Bauerngehöft gehörte.

»Hallo, ist hier jemand?», schrie Ammann außer Atem und hielt den Ring der oberen Stalltürhälfte in der Hand. Schmutzige Lampen beleuchteten Kuhleiber. Die Tiere kauten ruhig weiter, dieweil sich inmitten der Reihe ein Mann aufrichtete, mit dem Milchkessel in der Hand den Kotkanal überschritt und in den Gang hinaustrat.

»Was ist los?« Er schob sein Melkkäppi nach hinten und kratzte sich an der Stirn. »Nur reinspaziert!«

Ammann und Müller öffneten die untere Türhälfte und traten vorsichtig näher, bemüht, nicht in einen Kuhfladen zu tappen.

»Also, was führt die beiden Herren zu mir?«

Und so erzählten sie ihr Missgeschick und Ammann tat die Wärme des Kuhstalls spürbar gut. Er sei der Flück Sepp, stellte sich der Bauer vor, schnallte sich den einstieligen Melkerhocker vom Hintern und streckte den beiden Militärs seine Hand entgegen.

Die beiden stellten sich als *John* Ammann und Urban Müller vor und klopften sich den Schnee von den Kleidern.

»Folgt mir bitte, das lösen wir«, forderte er sie auf, ging mit ihnen durch die Tenne, den Heustock entlang, an zwei in einem Durchgang hängenden Schweinehälften vorbei.

»Ja, die musste leider heute Morgen dran glauben«, sprach Flück und führte die beiden, nachdem er seine Stallschuhe abgestreift hatte, ins Wohnhaus.

»Anna, wir haben Besuch!«, rief er durch die Stubentür. Zischend stieg Plättdunst vom Bügelbrett hoch, weiland die Frau kurz aufschaute.

»Nur einen Augenblick, ich bin gleich so weit!« Die Bäuerin, mit festem, hochgestecktem Haar und einem gastfreundlichen Antlitz, legte ihr Bügeleisen beiseite.

»Uniformhosen müssen messerscharfe Falten haben, das wisst ihr ja«, sprach sie und hängte die dunkelblaue Hose mit Bedacht an einen Bügel. Dann trat sie näher.

»Hallo, was treibt denn euch zu uns?«, schmunzelte sie, als sie den beiden schlotternden Militärs ihre schmale Hand zustreckte und die beiden sogleich in die Küche bat. Sie trug Jeans und einen dicken dunkelblauen Pullover mit

Zopfmuster und Rollkragen und hatte eine süße kleine Lücke zwischen ihren Schneidezähnen.

»Bevor wir beginnen, wärmen wir uns mit einem Gläschen Zwetschgenschnaps auf, nicht wahr?« Und als der Fahrer unsicher zum Oberleutnant schaute, wiederholte sie: »Bevor wir beginnen …«, sage ich, »… nicht schnäpseln, ein Gläschen und nicht mehr, wenn es den Herren recht ist!«, lachte sie die beiden warmherzig an, die in ihren Allerseelengewändern immer noch wortkarg, wie aufgebrachte Partisanen dastanden.

»Wir haben, wie ihr gesehen habt, ›Metzgete‹.«

»Präzis das hat uns angelockt«, spaßte Ammann mit Blick zum Bauern und trat mehr ans Licht.

»Jesses, was ist denn da passiert?« Die Bäuerin zeigte auf Ammanns Geschwulst auf der Stirn, worauf er abwinkte.

»Mein Gott, da müssen wir kühlen, und zwar rasch!« Sie holte Eiswürfel aus der Tiefkühltruhe, band sie in ein Tuch und drückte den Beutel sachte an *Johns* Stirn.

»Geht's so? Und nun überlasse ich es Ihnen.« Ammann verzog kurz sein Gesicht, seine Miene verriet aber bald, dass die Kälte des Wickels guttat.

»Und jetzt sagen Sie mir mal, wie Sie dazu gekommen sind!« Und während die beiden Militärs am großen Küchentisch Platz nahmen, erzählte Ammann, unter welchen Umständen er ins Simmental und nach St. Stephan gelangt war und weshalb er im sommerlichen Pilotendress mit von der Partie und ihm ein solches Horn auf der Stirn gewachsen sei.

»Um Gottes willen, das friert mich ja im Nachhinein noch!«, staunte die Bäuerin und schob Holz in den Kachelofen nach.

»Machen wir es nicht kompliziert, ich bin der Sepp und sie die Anni«, sprach der Bauer, worauf Urban Müller dem Oberleutnant einen erwartungsvollen Blick zuwarf, und als dieser zum Schnäpschen griff und sich mit dem Vornamen vorstellte, war der Fall auch für ihn klar: Man duzte sich.

»Habt ihr Lust auf eine Blutwurst mit Apfelmus?« Als die beiden synchron nickten und ihnen sichtbar das Wasser im Mund zusammenlief und es ihnen, wie es schien, nach dem ersten Schnapsschlückchen beinahe das Hemd in den Hintern zog, komplettierte sie das Menü: »Aber voraus einen Teller Gerstensuppe, das täte doch gut!«

Er sei nicht etwa von der Polizei, sondern nur Fähnrich in der Musikgesellschaft, sagte Sepp mit Blick auf die Uniformhose am Bügel. Zugposaune spiele er nur noch für den Hausgebrauch. Die Zeit zum Üben …, klagte er.

»Tut's noch sehr weh?«, erkundigte sich Anni.

»Piloten kennen keinen Schmerz!«, bluffte Ammann.

»Ich hoffe, dass die Kälte hilft«, sagte sie. »Übrigens, mein Mann hat mit seinem *Hürlimann* noch jede Kuh vom Eis gekriegt«, versprach die attraktive Anni, strotzend vor Daseinsfreude, in deren Gesicht das Leben nur die roten Backen hinterlassen hatte.

Nun müsse er nur noch die letzten beiden Kühe melken, dann gehe es ans Werk, schränkte Sepp ihren Optimismus ein und verzog sich in den Stall zurück.

»Ihr habt sicher Hunger«, übernahm Anni erneut das Zepter. »Gleich folgt der erste Gang. Die Gerstensuppe ist bald warm.« Und bereits war sie am Herd.

»Wollt ihr vorher nicht noch ablegen? Im Gang draußen könnt ihr den Kaput und die Jacke aufhängen.«

Und als die beiden zurückkamen und sie sie von oben bis unten musterte: »Das ist ja kein Schauen, du in deiner Tropenuniform, nass bis zu den Knien. Los, ausziehen, ich stelle die Schuhe ins Ofenrohr und hole dir einen Skianzug. So haben wir die Sachen bald trocken. Auch die Socken, bitte, das ist ein Befehl!«, alberte sie, als Ammann zögerte.

Auch Urban Müller zog seine schweren Schuhe und die Hose aus. »Bauersleute sind nicht heikel. Wir können die Socken nicht jede Stunde wechseln.«

So hockten die beiden in Kürze in Hemd und Unterhose auf Taburetten vor einem dampfenden Suppenteller, bissen in dunkles Bauernbrot und gönnten sich fein geschnittenen Speck und Emmentaler Käse.

»Dein Gesicht kommt mir bekannt vor, nur weiß ich noch nicht, wo ich es hintun soll«, sprach Anni zum kauenden *John*. Er zuckte die Achseln und erst ein Weilchen später sagte er: »Joachim?«

»Ja! Ja klar doch! Joachim Hansen. Mein Gott, wie du dem ähnelst, könntest sein Bruder sein.« Ammann lächelte.

»Wie war ich doch als Backfisch in diesen Mann verknallt. So einer, und kein anderer«, schwärmte sie.

»Aber der Sepp …«, versuchte Ammann zu glätten.

»Doch, doch, der Sepp ist ein wunderbarer Mann. Er ist ein Geschenk des Himmels. Aber eben, wenn man jung ist …«

»Träumen darf man immer, in jedem Alter«, antwortete Ammann, just als Flücks Nachwuchs um die Ecke schaute.

Peter, Margritli und Tobias, alle drei im schulpflichtigen Alter. Frisch, unverstellt und voll stummer Bewunderung umringten sie den Tisch. Das Trio hatte die himmelblauen Augen der Mama geerbt.

Noch etwas scheu gaben sie die Hand. Doch nach kurzer Zeit überwog die Neugier und sie setzten sich zu den eigenartigen Gästen, die sich nach der Suppe wie die Scheunendrescher hinter Blutwurst und Apfelmus machten.

Ganz diskret hatte Anni Flück Wasser aufgekocht und Pfefferminze abgegossen, um auch noch Tee in eine Thermosflasche abgefüllt auf die Fahrt mitgeben zu können.

Dann steckte sie *John* Ammann in einen wattierten Skianzug ihres Mannes und setzte ihm eine Wollmütze auf.

Noch bevor Flück die Milch in die Käserei lieferte, sattelte er seinen *Hürlimann* und lud die beiden Herren ein, auf dem Schutzblech über den großen Rädern Platz zu nehmen. Das Monster machte mit dem Schnee kurzen Prozess und Flück fand den inzwischen eingeschneiten Jeep innert Minuten. Für das rote Kraftpaket war es ein Pappenstiel, das havarierte Fahrzeug aus seiner misslichen Lage zu befreien und auf den Vorplatz der Scheune zu schleppen. Gemeinsam mit der ganzen Familie befreiten sie es vom Schnee und bald glich das kantige Auto mit dem feldgrauen Baldachin wieder einem Armeefahrzeug. Eine eingehende Außen- und Funktionskontrolle ergab, dass es keinerlei Schaden davongetragen hatte.

Nun galt es, von der freundlichen und hilfsbereiten Familie Flück Abschied zu nehmen.

»Halt, der Tee und dein Overall!« Anni rannte nochmals ins Haus und kam mit einer Tüte zurück. Dann drückten sie sich die Hand. Er würde ihnen die Kleider so schnell wie möglich gereinigt per Post zustellen und sie noch dieses Jahr einmal besuchen, versprach Ammann und bedankte sich nochmals herzlich.

Dank der soliden Bewirtung nahm das ungleich gekleidete Paar den Rest der Fahrt hellwach in Angriff. Irgendwann endete das Schicksal schreibende Simmental und die Straße am Thunersee entlang war inzwischen gesalzen.

In Interlaken flankierte ein hell erleuchtetes Schaufenster nach dem anderen ihren Pfad. Und während sich am schlafenden Brienzersee Nest an Nest reihte und Ammann heißen Tee servierte, spiegelten sich bereits wieder Lichter vom gegenüber träumenden Iseltwald. Dann näherten sie sich Brienz, dem Dorf mit den tief eingeschnittenen Runsen und Gräben im Rücken, durch die Respekt einflößende Wildbäche, Schwemmkegel hinterlassend, in den See niederfahren.

Kurze Zeit später ragte die Felsnase des Ballenberg-Riffs in die verhangene Nacht. Urgestein, das sich schon seit Menschengedenken den Straßenbauern in den Weg stellte.

Nun war es nur noch ein Katzensprung bis nach Unterbach.

Abgesehen von Pförtner und Schäfer trafen sie einen völlig verwaisten Flugplatz an.

»Schlag dir das aus dem Kopf, viel zu gefährlich, Urban!«, sprach Ammann, noch während er im Office des Wächters die Nummer von St. Stephan wählte und den diensthabenden Offizier informierte. »Noch einmal fünfundachtzig Kilometer? Entsprechend rund zwei Stunden Fahrzeit? Bei diesen Verhältnissen? Vergessen!«

Stattdessen erbat er sich einen Schlüssel und steckte Soldat Müller in eines der für höhere Offiziere vorgesehenen Einzelzimmer.

Gottverlassener konnte sich ein Fliegerhorst nicht präsentieren. Alles dunkel, die Flugzeuge wieder tief im Berg.
Im Haupttrakt türmten sich Helmschachteln und Effek-
tentaschen. Einsam und verlassen wie ein Straußenei wartete inmitten von Kartentaschen und Papieren der letzte
Helm auf seinen Besitzer.

John, hör auf, dich zu bemitleiden, rief sich Ammann
zur Räson.

Reiß dich zusammen!

Die sollen doch den verdienten Ausgang in Meiringen
genießen. Du hast dich nun genügend von innen betrachtet. Letztlich ging alles noch gut und ab sofort wird wieder
in die richtige Richtung geschaut. Aktivität ist das beste
Mittel, Außenseiter- und Versageranwandlungen zu ver-
drängen.

Tee trinken, administrieren!

Flugrapport, Kurzbericht, weshalb das Flugzeug nun
in St. Stephan stand.

Derweil er die Fliegerausrüstung packte, schreckte ihn
ein Geistesblitz auf: das Telefon!

Ab ins *Rössli*!

Noch im Skidress eilte er zur einzigen noch zur Verfügung stehenden Kabine. Zu Hause laufe alles rund, berichtete Nina, bevor er sich noch für den Schatzbrief bedanken
konnte. Alle drei freuten sich sehr, dass er wieder heim-
komme. Heute sei es ein anstrengender Flugtag gewesen,
beschloss Ammann das Gespräch lapidar und hängte nach
einem Kuss ins Mikrofon ein.

Danach begab er sich, Tee dem Bier vorziehend, zur
Nordseite der Kasernenbaracke und betrat das Schlafzimmer.

Auf seinem Bett lag eine Ansichtskarte. Die drei Gro-
ßen, Unsterblichen, prangten von der Vorderseite.
Eine Karte? In den Militärdienst?
Er drehte sie um.
Auf Englisch?
Tatsächlich, sie war an ihn adressiert:

First lieutenant
John Ammann
Airport
Meiringen

Dear John,
greetings from Jungfrau-Joch.
Tomorrow leaving for Praha.
Good bye
Your Nela

Ammann schluckte, schleuderte die Stiefel von den Füßen,
trat unter die Dusche, drehte voll auf, so warm es der Boiler zuließ, und spülte nachdenklich die Mühsal des Tages
den Abfluss hinunter.

Weshalb nur sticht dich der Hafer immer wieder? Weshalb immer wieder diese Spontanverliebtheit? Warum lässt
du dich immer wieder von weiblicher Aura verlocken,
fühlst dich gar von gewisser Wonne durchrieselt, erkennst
in ihren wenigen Worten eine Botschaft? Nur einmal noch
den Samt in ihren Augen sehen? Und doch ärgert dich das
bisschen Weh im Herzen. Immer wieder dieser Streit zwischen Verlangen und Nichtsollen. Diese von schlechtem
Gewissen durchtränkten Empfindungen.

Das legt sich!

Runterspülen, Ammann, und schauen, dass gelegentlich auch deine Seele wieder nachkommt!

Er verspürte keinerlei Lust, sich noch in die Ausgangsuniform zu werfen, um sich von einem Taxi nach Meiringen fahren zu lassen und zu seinen Kameraden zu stoßen. Stattdessen stopfte er die letzte Wäsche in die Offizierskiste und schlüpfte gut aufgewärmt ins Bett.

Ohne Frage würde er Nina von Nela berichten. Dieses weich gezeichnete Gesicht, das ihm so schwermütig und verlassen vorgekommen war, würde er aber nicht näher beschreiben. Ob er ihr die Karte zeigen würde? Eher nein. »Your Nela« könnte in den falschen Hals geraten. Ansonsten aber sei das eine normale Berufsepisode, wie es bei Swissair beinahe alltäglich sei, und zeuge von guter Mischung zwischen verbaler und nonverbaler Kommunikation, fand er. So würde auch sie empfinden, da war er sich sicher, und höchstens mit charmantestem Lächeln bemerken, dass sich das wieder lege und ein Tiger seine Streifen nie loswürde. Schönheit sei doch letztlich immer auch Blendwerk, würde sie noch sagen und vielleicht anfügen, es sei ja nichts passiert, oder zu bedenken geben, dass im Innersten jeder Frau ein Restchen von Koketterie glimme und oft ein Hauch genüge, um ein Feuer zu entfachen.

Genauer würde er dann erklären, weshalb er einen Skianzug in der Wäsche habe.

Dann zog er zwischen seiner herrenlosen Seele und dem Rest der Welt endgültig die Brücke hoch.

16

Kurz nach Mitternacht zündeten seine heimkehrenden Kumpane das Licht an. Ammann war zu müde, als dass er sich am nächsten Morgen an das Gelächter und die Sprüche hätte erinnern können. Er habe sich einfach auf die andere Seite gedreht.

Am Morgen zog er sorgsam seine Uniformhose unter der Matratze hervor und fand Gefallen an den messerscharfen Bügelfalten. Frisch und topfit begab er sich zum Frühstück und amüsierte sich über die leicht windschiefen Köpfe einiger Kameraden. Er begann wieder, das Leben zu umarmen.

Um 10.00 Uhr war Abtreten.

Auf der Heimfahrt vertiefte er sich in Walsers »Der Gehülfe«.

Kulls erprobtes Quartett jasste mit Augen auf Halbmast. Der Zampano drehte, in Wegelagererpose ziemlich neben der Mütze stehend, lustlos sein Hölzchen im Mund und seine drei Kumpane machten ungewöhnlich frohe, wenn auch nicht ganz frische Gesichter. Offensichtlich hatte sich *Kull* gestern Abend gründlich verzockt und der doppelte Gewinn der Woche hatte sich in Luft aufgelöst. *Chris*, *Astor* und *Fox* zu fällen, war ihm offensichtlich völlig misslungen. Der Salonlöwe, gestern nicht gerade von der guten Fee geküsst, sei inzwischen »aschenarm« und könne die *Studebaker*-Reifen erst nach dem nächsten Dienst kaufen.

Als Ammann einmal vom Buch aufschaute, berichtete ihm *Geri*, dass *Kull*, nachdem sie vom »Schieber« bis zum »Pandur« die meisten Arten durchgespielt hätten, auf Blackjack umstellen wollte und als Bankhalter laufend verlor. Vor Frust habe er sich mit Cognac und Whisky vollgekübelt und noch mehr Verluste eingefahren. Ziemlich verstrahlt und zähnefletschend vor Verlangen, so *Geri*, habe er sich im *Sauvage* an eine Hupfdohle gehängt, die alles zur Schau stellte, was sie vorzuweisen hatte. Während sich seine Kollegen offensichtlich schadenfreudig beölten, habe der Poussierstängel – blauer als ihre Augendeckel – ihr beim Schwofen noch den kleinen Rest ihres Kleides vom Leib zu scheuern versucht.

»Fulminanter ging es nicht mehr«, schüttelte sich *Geri* vor Lachen.

Diese Woche war ein Tsunami der anderen Art über die Staffel 22 hereingebrochen, sinnierte Ammann vor sich hin. Nicht nur einmal hatte das Herz an einem Seidenfaden gehangen. Doch was ihn trotz allem freute, war die Tatsache, dass die Staffel nach dem Unfall von *Sky* wieder Tritt gefasst hatte.

Nach Luzern begann es abermals, kräftig zu schneien. Im Zürcher Hauptbahnhof lächelte eine junge Frau in Überlebensgröße von einem Plakat. Sanftes Licht, weich gepolsterte, hohe Wangenknochen, ein fast kindlich übersinnlicher Mund, jadegrüne, von langen Wimpern umschattete Augen. Die Mimik deckte sich mit Ammanns Erinnerungen, löste Unruhe aus, die sich aber gleich wieder legte. Zudem verspürte er einen trockenen Gaumen und einen leichten Druck in den Stirnhöhlen. Anzeichen einer Erkältung, die er zu Hause dringend behandeln musste, wenn er nächste Woche wieder nach Hongkong aufbrechen wollte. Allein der Gedanke an Nina, auf die er sich wahnsinnig freute, begann alles zu überstrahlen.

In Kloten stiegen die letzten Kameraden aus und in Bassersdorf erwartete ihn seine ganze Familie. Ammanns Augen leuchteten. Der kleine Dani riss sich los und stürmte auf ihn zu: »Große schwarze Lok!«, schwärmte er und sprang ihm gleichzeitig mit *Ahiti* in die Arme. In der Tat hatte er das Gotthard-Monster schon im Zürcher Hauptbahnhof bewundert, als es vor seinen Personenzug gespannt worden war.

»Hallo Papi!«, umarmte ihn Petra, schon beinahe diszipliniert. Dann endlich war seine Frau an der Reihe, die er liebevoll herzte.

»Du meine Güte, was ist denn da geschehen?«, fragte sie, als sie die Beule bemerkte, nachdem ihm der Hut ins Genick gerutscht war.

»Später, nicht wichtig!«, bog er ab und bereits drückte sich Petra dazwischen, während er den Krawattenknopf löste: »Zu Hause gibt es eine Torte mit sechs Kerzlein drauf!«

»Nein, Papi, vorher mit mir Schneehütte bauen!«, quengelte Dani.

Und so leise und so sanft fiel er, der Schnee.

***

Bambini-Code

Der Bambini-Code war die Schweizer Militärpilotensprache. Die verwendeten vokalreichen Wörter, häufig dem Italienischen entnommen, boten auch bei schlechter Funkqualität eine ausreichende Verständlichkeit. Hier die wichtigsten in dieser Geschichte verwendeten Ausdrücke.

Avanti	Angriffskurve, meistens mit 4g geflogen
Bambini	Aufruf an alle
Camille	Treibstoff Reststand 1000 lbs.
Campari	Treibstoff
Capito	Verstanden, englisch: Roger
Carello	Fahrwerk
Casino	Eigener Stützpunkt
Contact	Kontakt, in Sicht
Doppelpatrouille	Viererverband
Finito	Ende
Grande	Groß, Formation auflösen
Lili	Links
Linea	Formation in Linie
Meteo	Wetter
Mutus und sordo	Kein Senden und Empfangen
Numero uno	Nummer eins
OK	Ja, verstanden
Patrouille	Zweierverband
Plafond	Hauptwolkenuntergrenze
Rera	Rechts
Ritorno	Rückkehr
Rosso	Rot
Sohn	Patrouillenflieger
Toc	Achtung jetzt!

| Torino | Tourenzahl, RPM |
| Vrille | Trudeln, Kontrollverlust |

Offiziere Fliegerstaffel 22

Grad	Name	Vorname	Kürzel
Hauptmann	Kieser	Max	*Kiema*
Oberleutnant	Ammann	Hans	*John*
Oberleutnant	Braun	Hanspeter	*Rap*
Oberleutnant	Gut	Gerhard	*Geri*
Oberleutnant	Kull	Egon	*Kull*
Oberleutnant	Matter	Franz	*Frama*
Oberleutnant	Ribi	Christof	*Chris*
Oberleutnant	Studach	Felix	*Studi*
Oberleutnant	Tönz	Heinrich	*Henry*
Leutnant	Artho	Jan	*Fox*
Leutnant	Leu	Fritz	*Astor*
Oberleutnant †	Loher	Boris	*Sky*

Weitere hohe Offiziere

| Brigadier | Schindler | Erol | |
| Oberst | Hotz | Fridolin | |

Soldaten

| Gefreiter | Fetsch | Albert | Bergführer |
| Soldat | Müller | Urban | Motorfahrer |

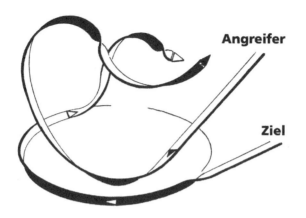

Angreifer

Ziel

Defensiv-YO-YO

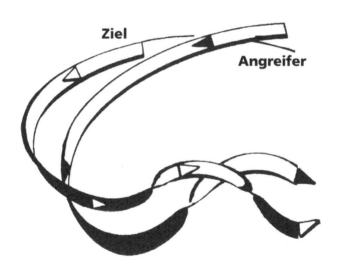

Ziel

Angreifer

Sisor defensiv

WERNER ALEX WALSER
Stolperstein Frau

Lehm steht für die Vergänglichkeit allen Lebens. In der
Fortsetzung der Lehmmauer steht ein bronzenes Tor als
Sinnbild für den Übergang ins Jenseits. Alle wollen sie in
den Himmel; sterben und sich in die kühle Grube absei-
len lassen, will niemand. Nicht nur das Andenken an seine verblichenen Angehörigen trieb Frick, diesen Schön-
geist, an diesem drückend heißen Augustmontag auf den
Friedhof. Unterschwellig spürte er, dass sich auch für ihn
ein Tor zu einer neuen Welt öffnen würde. Schriftsteller
wolle er werden, hatte er eben zu seinem Freund Schuster,
vorher am Bahnhof, als er sich von ihm und seiner Frau
verabschiedete, gesagt. Auf deine Geschichte bin ich sehr
gespannt. Sie sollte eine gewisse Grundgefährlichkeit aufweisen, riet Schuster.

346 Seiten
Taschenbuch, 12 x 19 cm
ISBN 978-3-905968-12-5
CHF 16.50, € 13.80 (D),

WERNER ALEX WALSER
Fahrwasser

Der Ort, an welchem man geboren wird, und das Erbgut,
mit dem man ausgestattet worden ist, bestimmen die Ent-
wicklung des Menschen maßgeblich. Ob man weiblich oder
männlich, groß oder klein, hübsch oder hässlich, gescheit
oder dumm zur Welt kommt, entzieht sich dem Einfluss des
neuen Erdenbürgers. Das bestimmen die Gene, die Träger
der Erbinformation. Mit diesen Vorgaben treibt der Mensch
vorerst einmal dahin. Erst später spielen Erziehung, Schu-
lung, Verhalten, Weichenstellungen und das Quäntchen
Glück jene gewichtige Rolle, ob man das Leben erfolgreich
meistern und damit sogar noch Zufriedenheit erlangen wird.

299 Seiten
Taschenbuch, 12 x 19 cm
ISBN 978-3-03827-002-7
CHF 15.00, € 13.60 (D)

WERNER ALEX WALSER
Das Kreuz des Ostens

Theodor Maibach lebt mit seiner Frau Vega in einem
traumhaft gelegenen Schloss im zürcherischen Sommer-
berg. Dieses hat nur einen Nachteil: Es kommt von einem
Tag auf den anderen direkt unter eine Anflugschneise zum
Flughafen Kloten zu liegen. Als Vega wegen des Fluglärms
zur Kur im Ausland ist, lädt Maibach seine alten Freun-
de zu einem Sennenball auf sein Anwesen ein. Dabei ver-
unfallt eine polnische Animierdame tödlich. Damit nicht
genug: Kurz nach ihrer Rückkehr wird Vega von einem
Gegenstand schwer verletzt, der die gläserne Kuppel ihres
Schlafzimmers durchschlägt. Das ist zu viel für Theodor
Maibach, er erleidet einen Hirnschlag. In der Luxusklinik,
wo er zur Rehabilitation weilt, trifft er auf Flughafendi-
rektor Enz, seinen Erzfeind. Als die beiden jedoch her-
ausfinden, dass sie Zürcher Zünfter sind, begraben sie das
Kriegsbeil. Ihre Freundschaft wird allerdings auf eine harte Probe gestellt, als Maibach von Rosy Besuch bekommt.

Roman, 248 S., Gebunden
© 2010 Appenzeller Verlag
ISBN 978-3-85882-534-6
CHF 38.00, € 25.00 (D)

WERNER ALEX WALSER
feldgrau + swissairblau

Pilot werden: Auch Werner Alex Walser schwärmte schon als kleiner Knabe davon. Er wuchs bei Wilen bei Wil im Kanton St.Gallen auf einem Bauernhof auf, absolvierte die Verkehrsschule und machte eine Lehre als Postbeamter. Mit 21 Jahren war es so weit: Walser trat in die Militärfliegerschule ein, begann seine Ausbildung als Pilot. Mit pochendem Herzen betrat er 1964 eine Baracke im Zürcher Flughafen, um die Prüfung als Swissair-Pilot zu bestehen und seine feldgraue Uniform mit der swissairblauen zu tauschen. Basierend auf unzähligen Tagebuchnotizen, erzählt Werner Alex Walser in seiner Autobiografie aus seiner unbeschwerten Zeit als junger Militärpilot in den 60er-Jahren. Seine Faszination galt jedoch nicht nur dem Fliegen, ein Faible für rassige Autos kam dazu und als flotter Pilot in Uniform schwärmte bald die eine oder andere Frau für ihn – und er für sie.

Fliegerbiografie
352 S., Gebunden
© 2005 Appenzeller Verlag
ISBN 978-3-85882-414-1
CHF 42.00, € 28.00 (D)

Werner Alex Walser

Eden und Kerosin

Erinnerungen eines Swissair-Piloten

Appenzeller Verlag

Fahrschule tee-double-u GmbH